DAXUESHENG

CHUANGYE JINENG PEIXUN JIAOCAI

大学生创业技能培训教材

创业政策指南

谷　炜　尹兆华　薛雨石　胡　睿　编　著

中国劳动社会保障出版社

图书在版编目(CIP)数据

创业政策指南/谷炜，尹兆华，薛雨石，胡睿编著.—北京：中国劳动社会保障出版社，2011

大学生创业技能培训教材

ISBN 978-7-5045-8849-4

Ⅰ.①创… Ⅱ.①谷…②尹…③薛…④胡… Ⅲ.①就业政策-中国-高等学校-教学参考资料 Ⅳ.①F249.20

中国版本图书馆 CIP 数据核字(2011)第 018603 号

中国劳动社会保障出版社出版发行

(北京市惠新东街1号 邮政编码：100029)

出 版 人：张梦欣

*

新华书店经销

北京外文印刷厂印刷装订

880毫米×1230毫米 32开本 5.125印张 115千字

2011年7月第1版 2011年7月第1次印刷

定价：15.00元

读者服务部电话：010-64929211/64921644/84643933

发行部电话：010-64961894

出版社网址：http://www.class.com.cn

大学生创业技能培训教材
编辑委员会名单

创业是富民的根本大事

全国政协副主席　黄孟复

就业是民生之本。近年来，就业成为我国经济和社会发展面临的一个严峻挑战。一方面，我国每年新增就业人口数量较大；另一方面，由于经济结构的升级和资本有机构成的提高，我国经济增长吸纳劳动力的作用有所减弱，包括大学生在内的广大青年就业难成为普遍现象。在这种环境下，鼓励创业逐渐成为破解我国就业困局和强国富民的重要手段。党的十七大报告明确提出要实施扩大就业的发展战略，促进以创业带动就业。完善支持自主创业、自谋职业政策，加强就业观念教育，使更多劳动者成为创业者。

当前我国的创业企业在数量和规模上均明显不够，公民创业意愿仍显不足，主动创业的少，被动创业的多，大多数人不敢创业和少数人盲目创业的现象并存。造成这种局面主要是因为：一方面人们对创业的了解不够全面，对创业存在认识误区，倾向于把创业看成是被逼无奈的选择，造成对创业风险的评估过高；另一方面是由于创业需要具备多项技能，使一批又一批具备创业勇气但技能欠缺的人未能实现成功创业。此外，创业意愿不足与青年朋友欠缺企业家精神也有很大关系，企业家精神包含敢于冒险、勇于创新和坚忍不拔等特质，一些青年朋友并未具备这种精神。近年来，大学生对公务员、国有企业的过度热衷，不愿意到民营企业就业就是一个例证。

因此，在鼓励创业的同时，要加强政策支持和社会服务体系建设，在全社会形成认同创业和支持创业的良好环境，尤其是应该通过教育培训和广泛宣传，普及创业的基本知识和技能。一是消除人们对创业的偏见，让人们认识到创业是在具备一定条件后便可进行的正常行为，如果能较好地管理风险，创业是实现自我发展的重要途径之一。尤其是对于充满活力、勇于接受新事物的广大青年朋友来说，有理性地进行创业是一个不错的人生发展道路。二是以专业的培训提高创业者进行创业活动的各项基本技能，使更多有勇气和胆量进行创业的人，能够做到心中有数。

从高校和培训机构的数量来看，可以说，我国的创业教育和培训的机构及师资力量都相对充裕，但用于指导创业培训的系统性教材较少。周天勇教授多年来一直潜心研究我国社会结构转型期的创业和就业问题，由其组织国内专业力量主编的本套丛书为我国大学生和广大读者提供了一整套内容全面、形式活泼的创业技能及知识普及教材。丛书通过浅显易懂的语言，让更多的人了解并熟悉创业需要具备的知识、技能及具体的操作流程，理性认识创业，既不畏惧创业，也不盲目创业。尤其是有利于广大大学生认清自己是否已经具备进行创业的条件，在创业时机到来时，不至于错过，为创业活动提供指导，营造主动创业、从容创业氛围。

本套丛书可读性较强，在一定程度上填补了国内此类教材的空白，为高校和培训机构进行创业教育和辅导提供了有针对性的专业教材，现实意义很大，有利于促进我国以创业带动就业的发展目标，期待丛书能如期出版。

创业是富民的根本大事。希望创业活动能在我们国家蓬勃发展，更多的人能够树立正确的创业观，敢于创业，理性创业，有准备地创业，以创业的方式实现自我价值，尤其是更多的具备一定条件的大学生能够走上奋发图强、报效国家的创业之路。

是为序。

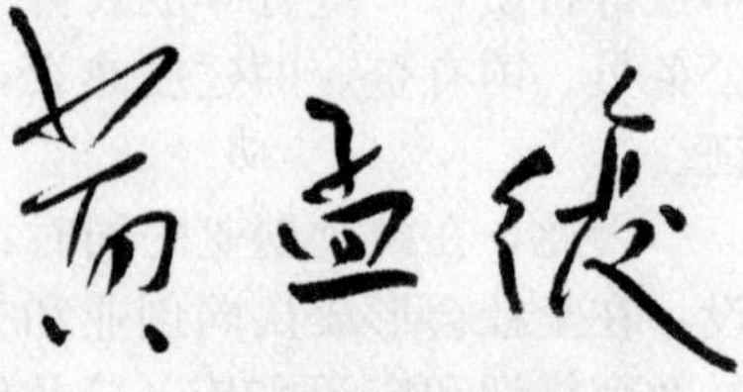

2010年10月8日

努力落实促进创业带动就业的重大战略

人力资源和社会保障部副部长　张小建

着力保障和改善民生，是贯彻落实党的十七大决策部署的重要任务，也是深入实践科学发展观的重要内容。就业是民生之本。在做好就业工作中，促进以创业带动就业，不仅是扩大就业的重要途径，并且是实施积极就业政策的主要抓手。创业是劳动者通过自主创办生产服务项目、企业或从事个体经营实现市场就业的重要形式。促进劳动者自谋职业、自主创业，一方面能够解决劳动者自身就业的问题，另一方面能够创造出新的就业岗位，带动更多的人实现就业，具有就业的“倍增效应”。据统计，我国个体1个人创业平均可以带动2～3个人就业，创办1个私营企业平均可以带动13个人就业。2002年以来，我国实施了积极的就业政策，其中一个重要内容就是鼓励和支持劳动者自谋职业、自主创业，对劳动者创业给予了更多的重视、鼓励和更大的支持。在这次应对国际金融危机对我国就业冲击的过程中，我国抓紧实施促进以创业带动就业的举措，取得较好效果。在企业吸纳就业受到一定影响的情况下，大力推动劳动者自谋职业、自主创业，通过其自身努力，更多、更好地开发就业新领域，创造新的就业机会，同时，为劳动密集型中小企业的生存和发展创造更加有利的环境，为降低经济形势变化对就业产生的不利影响发挥了积极作用。

促进以创业带动就业的关键是要推动高校毕业生、农民工、复转军人和下岗失业人员等重点人群的创业。当前，我国高校毕业生创业参与和成功率，无论是与其他群体比还是与国际比都较低，这一方面表明差距所在，另一方面也表明推动大学生这一具有知识基础又最富有激情的群体创业，是有广阔的发展空间的。因此，要重视激发大学生的创业活力，挖掘大学生的创业潜能，发挥他们的专业知识优势，鼓励他们满足市场需求，大胆去试去闯。要积极开展大学生创业教育和实践活动，增强创业意识，提高创业能力。要落实好创业扶持政策，激发他们的创业热情，提供合适的创业项目和创业专家咨询服务，加强创业指导，建立专门的创业孵化基地和创业园区，为他们的创业铺开一条绿色通道，大力提高他们的创业成功率。

人力资源和社会保障部对推动高校毕业生创业工作予以高度重视，并作为重点工作进行部署安排和推动。2010 年初，经国务院同意，人力资源和社会保障部等 6 部门下发了大力促进高校毕业生就业的通知，部署 2010 高校毕业生就业推进行动，明确提出把高校毕业生就业摆在当前就业工作的首位，突出抓好“岗位拓展计划”“创业引领计划”和“就业服务与援助计划”这三个计划的实施。5 月初，人力资源和社会保障部又专门发布了《关于实施大学生创业引领计划的通知》，具体组织实施“大学生创业引领计划”。该计划旨在贯彻落实党中央、国务院促进以创业带动就业的战略部署，坚持政府促进、社会支持、市场导向、自主创业的基本原则，发挥政府部门、公共服务机构和高等学校的职能作用，调动社会各方面力量，采取一系列鼓励、引导和扶持措施，强化创业意识，提升创业能力，改善创业环境，健全创业服务，引导和带领一大批大学生通过创业实现就业。工作目标确定为：在 2010—2012 年的 3 年中，引领 45 万名大学生实现创业。使有创业愿望并具备一定条件的大学生都得到创业培训，准备创业的大学生都得到创业指导服务，市场导向的大学生创业机制初步建立。

“大学生创业引领计划”的主要任务包括四个方面：开展大学生创业培训（实训）、对大学生创业给予政策扶持、为大学生创业提供指导服务、为大学生创业提供孵化服务。其中，为提高大学生的创业意识，让大学生做好创业准备，组织开展大学生创业培训（实训）成为该计划的首要任务。包括按规定认定创业培训（实训）机构，选评一批创业培训师和讲师，探索建立模拟公司、信息化创业实训平台等，组织有创业愿望的大学生参加创业培训或演练。

为搞好大学生创业培训，需要开发一系列针对大学生群体的创业培训教材和丛书。由周天勇等同志共同编写的本套丛书，立足大学生创业培训的现实需要，覆盖大学生创业的各个方面和相关环节，针对性较强。由于兼顾了创业基本知识和实际操作技能的普及，特别是汇集了各类创业案例的展示和分析，可以作为创业培训的辅助教材，能够为开展大学生创业培训和实训提供较好的指导和帮助。这套丛书的出版，也体现了社会各方面对大学生创业的关心和支持，在此，对编者表示衷心感谢。希望丛书能在我国大学生创业培训体系建设过程中得到应用和检验，并不断丰富和完善。

張小建

2010 年 10 月 8 日

重大战略：建设一个创业型的国家

中共中央党校政策研究室　周天勇

胡锦涛同志在谈及构建社会主义和谐社会时重申了党的十六大有关鼓励创业的精神：必须最广泛、最充分地调动一切积极因素，发挥各方面的创造活力，不断推动经济社会发展；要全面贯彻尊重劳动、尊重知识、尊重人才、尊重创造的方针，形成与社会主义初级阶段基本经济制度相适应的思想观念和创业机制，营造鼓励人们干事业、支持人们干成事业的社会氛围，放手让一切劳动、知识、技术、管理和资本的活力竞相迸发，让一切创造社会财富的源泉充分涌流，以造福于人民。我认为，我们有必要从经济和社会发展的战略高度，对有关形成创业机制，特别是鼓励人们创业和干事业的精神，加以深入理解，并且在战略部署、体制安排、政策设计及制定方面予以贯彻和落实。

建设创业型国家的重大战略意义

鼓励人民创业，建设创业型国家，是落实科学发展观的重要内容。发展依靠谁？我认为需要分清两种发展的动力观：一种是人民创业推动发展，另一种是政府创业推动发展。过去，特别是计划经济时期，我们的经济发展采取政府投资、国家创业、劳动者就业推动的方式。这种政府主导创业推动的经济增长，亏损面大，消耗高，并且资本有机构成越来越高，劳动参与率越来越低，特别是农民参与非农业劳动和分配的比率很低，GDP 的资本和国家分配比率日益上升，人民生活水平并没有与经济发展同步提高。而全心全意依靠全体人民的奋斗精神和艰苦创业推动经济发展，既可以使人民群众的积极性和创造力充分发挥出来，又减少了经济发展的组织成本，把降低资源消耗变成广大创业者的行动，还使得广大人民群众的智能、技能、才能和劳动能力得到充分利用，经济发展充满活力，形成人民广泛参与推动发展和分享发展成果的局面。

鼓励人民创业，就是政府创造宽松的体制和政策环境，并给予帮助，引导广大人民群众积极投资创业，创办个体、微型和中小企业；通过小本投资、实用技术、经营管理和劳动投入，造就大量的个体和中小业主，形成资产积累，拥有产业；通过个体、微型和中小企业提供大量的就业和个人发展的机会，包括非正规就业岗位，使广大劳动者谋求事业、自主就业。从过去国家创业，政府办企业和事业，通过党政社团机关、事业单位和国有企业吸收就业，转变为鼓励人民创业，大量地通过非正规、个体、微型和中小企业就业，既符合世界各国企业、就业结构和创业及就业的规律，也是中国国情、体制转轨、结构调整的一种必然趋势。

只有鼓励广大人民群众创业，才能转变经济增长方式，也是未来推动中国经济发展的主要动力源泉。从目前经济增长的要素结构来看，资本、土地、资源等要素投入推动的比重较大，而劳动和技术要素推动的比重相对较小，经济增长呈现一种土地和资源消耗型的方式。鼓励人民创业和创新，一是可以将过剩的劳动力资源尽可能多地转变成劳动密集程度较高的制造业产品，提高生产的技术含量，将劳动力过剩劣势转化为劳动力丰富的比较优势，增强产业的技术竞争力，减少发展对资本和资源的依赖；二是发展生产服务和生活服务业，提高第三产业的就业和产出比重，降低土地和资源消耗水平。目前，我国经济增长的动力主要来自于特大和大型企业的发展、外资投入、出口拉动、政府的基础设施建设、房地产投资等，能吸收就业和利用劳动力资源的微型企业和中小企业对经济增长的拉动和贡献相对较小。而有关计算研究表明，由于我国目前除了特大型企业少，更重要的是微型和中小企业数量太少，从调整企业结构的角度看，我国未来经济增长的26%，应当来自于个体、微型和中小企业的投资、经营和就业。鼓励创业，将会改变目前发展的动力结构偏重依赖于大企业、外资出口和房地产的不合理局面。

只有鼓励人民创业，大力发展个体、微型和中小企业，才能转移农业过剩的劳动力，从根本上解决“三农”问题。创业形成的个体、微型和中小企业，可以吸收从农业和农村向城市和非农产业转移的农民。从我国农民的收入结构看，主要来自于农业和务工收入，而同样地少人多的日本、韩国和我国台湾地区，农民的收入来自于产业（小商铺、小工厂）收入、物业（土地和房产出租及入股）收入、就业（非农业工作）收入和农业收入四大部分，其中农业收入的比率越来越低，目前已经降低到1/5左右。因此，增加农民收入，让农民富裕起来，很重要的方式就是通过鼓励创业，使农民不仅有农业和非农业就业收入，还有产业和物业收入。

只有鼓励创业，才能从根本上解决我国的城乡就业难题。当前，面对就业压力，建设创业型的国家，已经是一个非常紧迫的战略任务。从世界各国企业结构和劳动力就业的规律来看，95%以上的企业是微型和中小企业，每个微型和中小企业平均就业规模9～15人，65%～80%的劳动力在个体、微型和中小企业中就业，发展中国家每千人20～30个企业，发达国家每千人45～55个企业。微型和中小企业，是吸收劳动力就业的基础组织单元。根据普查，2004年，包括具有微型和中小企业规模的个体经济，我国每千人只有3.1个企业，大大低于世界各国每千人企业数量水平。因此，大力发展个体、微型和中小企业，将政府投资、国家创业、劳动者就业的道路，转变成人民创业，国家提供公共服务和社会管理，就业之路才会越走越宽。

只有鼓励人民创业，才能从积极方面缩小城乡、地区和居民之间的发展和收入差距，才能在初次分配方面实现基础性的社会公平。一些拉美国家发展的教训说明，微型和中小企业相对少，中等收入人口占总人口比例就小，因失业和就业不足而导致的低收入和贫困人口比例就大，收入两极化的状况就很明显。而东亚一些国家和地区的发展则相反，由于中小企业多，就业岗位多，中等收入人口多，贫困人口相对少，人民生活水平提高较快，贫富差距被缩小，基尼系数也较低。因此，通过创业，城乡居民拥有产业（商业和工厂）、物业（房地产）、财业（股票、债券和存款等）、事业（工作室、个体经营、特殊职业、个人发展目标等）、就业（工作岗位）和家业（住房、耐用消费品和汽车等），才能扩大我国社会中等收入者的比重，减少因失业造成的贫困人口，提高低收入者收入水平，形成一个初次较为公平分配的格局。

为什么编写这样一套创业丛书

为了落实党的十七大提出的“创业带动就业的”民生战略，在张远华和刘耀天等热心于青年创业事业的人士的支持下，我们组织了对创业有研究和实践，并在大学教授创业课程的学者及教师撰写了这样一套丛书。

虽然国家提倡创业，但是大学生、社会青年，包括一些失业后想创业的中年人群如何创业，目前市面上还没有实际能操作的一套系列丛书。我们不仅要从精神上鼓励青年创业，还要从操作层面上授他们以工具。这就是我们编写这套丛书的初衷。

这套丛书的特点是，比较系统和配套，让创业者从如何进行创业准备、如何进行工商注册等这样的具体的过程谈起，并讲到如何选择项目、如何开拓市场，包括怎样规避创业的风险，从过程到案例，许多是亲身经历者的体会。创业也不能打无准备之仗。而准备，就是要通过书本了解前人总结的创业的一般性过程、规律、成功的条件及存在的风险等。当然，创业是千差万别的，这套丛书只是给最初创业者一个书本上的知识。真正如何进行创业，还要把书本上的知识与实践相结合。中国文化上常讲“觉悟”一词，这套书就是给准备创业和正在创业的人以“觉”。需要注意的是，创业的成功在于创业者的“悟”，仅有“觉”没有“悟”，创业很难成功。但是，没有“觉”就没有“悟”的知识基础，就不会有更好的“悟”。创业成功，需要“觉”和“悟”相结合，这就是这套丛书的贡献所在。

实施建设创业型国家战略的政策建议

建设创业型国家战略能不能实施，人民能不能积极地创业，使个体、微型和中小企业有一个长足的发展，根治失业和缓解社会不公平问题，关键在于坚持发展非公有制经济不动摇，在于政府有关体制的改革和行为的规范，在于一些支持创业政策的出台。党的十六大报告提出，在社会变革中出现的民营科技企业的创业人员和技术人员、受聘于外资企业的管理技术人员、个体户、私营企业主、中介组织的从业人员、自由职业人员等社会阶层，都是中国特色社会主义事业的建设者。对为祖国富强贡献力量的社会各阶层人们都要团结，对他们的创业精神都要鼓励，对他们的合法权益都要保护，对他们中的优秀分子都要表彰，努力形成全体人民各尽其能、各得其所又和谐相处的局面。

目前，我们的思维模式、体制和有关政策，还带有浓厚的国家创业推动经济发展的色彩，在审批、注册、市场准入、检查、收费、罚款、融资、土地等诸方面，对人民创业、国家服务和管理这样的发展模式，存在着这样或那样的不相适应。从实施创业型国家的战略看，关键是要改革阻碍和影响人民创业的行政管理观念、管制体制、法律和条例及较高税费负担和歧视创业的有关政策。一是清理对创业不利的行政管制体制，学习各国解决就业的经验，允许备案型的个体、微型和中小非登记企业存在和发展；改变行政监管的重复、交叉、多层执法状况，杜绝个别机构和公务员为了部门和个体利益恶意执法的现象。二是改革目前执法部门利用公权牟取机构利益的体制，清理和废除对个体、微型和中小企业的各种收费和罚款，废除财政对各执法部门的收支两条线、超收奖励、罚款分成制度，工商、质监、城管、食药监、卫生、防疫、土地、建设、规划、市政等部门，由纳税人所交的税收全额供养，形成一个有利于人民创业的廉洁的政府环境。三是轻税薄赋，对人民创业，对能大量增加转移农村劳动力和就业的个体、微型和中小企业实行低税收制度，适当降低增值税和所得税税率；对农民创业的农产品加工，原料的增值税应当予以抵扣；投资土地使用权、设备和厂房等，应当在增值税和所得税项中进行适当的抵扣。四是加快金融体制的改革，对民间中小融资实行较为宽容的合理合法的管理；发展融资担保、风险投资、租赁融资等融资方式；鼓励银行为人民创业贷款，对向个体、微型和中小企业积极贷款的银行，国家在银行税收方面给以优惠。政府还要在信息服务、贷款贴息、扶持基金、经营场地等方面创造创业的环境。

创业形成的企业，是社会生产经营的组织形式，其诞生和运营往往有政府准入和管理的管制和收费制度。因此，企业法人的诞生数量，企业在运营中生死多少，能不能建设一个创业型国家，除了决定于创业者、资金、市场、经营管理水平等因素以外，很重要的一个方面是决定于政府对个体、微型和中小企业的管理方式和行为。政府从自己投资创业转向鼓励人民创业，从行政管制转向公共服务，从执法牟取部门利益转向清正廉洁执法，将是实施建设创业型国家战略是否成功的关键。

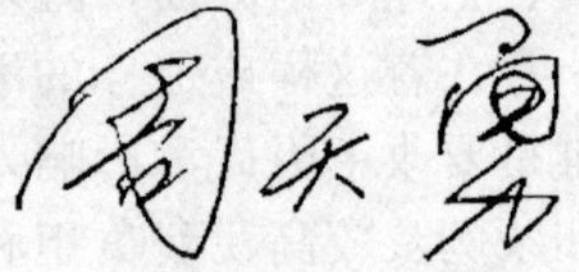

2010 年 11 月 2 日于大有庄 100 号

目 录

导 言

第一章 设立企业的相关政策法规

第二章 创业财政及税收优惠政策

第三章 创业信贷优惠政策

第四章 创业培训及其他优惠政策

第五章 创业服务资源

导言

学习目标：

通过导言的学习，将能够了解：

国家对于大学生创业的相关政策

政策解读的重要性

2009年1月19日，国务院办公厅下发了《关于加强普通高等学校毕业生就业工作的通知》（国办发［2009］3号，以下简称《通知》），要求把高校毕业生就业摆在当前就业工作的首位，采取切实有效措施，拓宽就业门路，鼓励高校毕业生到城乡基层、中西部地区和中小企业就业，鼓励自主创业，鼓励骨干企业和科研项目单位吸纳和稳定高校毕业生就业，并提出了一系列政策措施。

一、鼓励和引导毕业生到城乡基层就业的政策措施；

二、鼓励毕业生到中小企业、非公有制企业就业的政策；

三、鼓励骨干企业和科研项目单位积极吸纳和稳定高校毕业生就业的政策；

四、鼓励和支持高校毕业生自主创业的政策措施；

五、对困难毕业生的就业援助措施。

然而，在对学生的调查中了解到，学生对就业政策持一种迷茫的态度。大部分学生承认，目前他们最关心的的确是找工作的事。但是，对于政策中的条文，往往感到遥远而陌生，与自己关系不大。这就反映出现在的大学生对优惠政策存在认识不足、理解不透、操作不灵的误区，正是由于这种误区的存在，使得学生在就业过程中遇到许多难以应付的问题。

而国家政策是一切招聘、创业等各方面的根本指导性政策，适当解读和灵活运用国家和地方的相关政策，对大学生就业和创业都具有十分重要的现实意义和深远的历史意义。

首先，政策分析解读有利于把握国家对大学生就业的最新态度。

对哪些领域支持鼓励并提供优惠，在哪些地区创业更能得到国家的扶持。创业初期国家的财政扶持，创业过程中的帮助信息。各种政策法规是国家和政府对大学生创业的态度的风向标。

其次，理解政策有利于企业的后期发展。

如果选择政策中支持鼓励的相关职业，可以更顺利的创业并得到来自官方的支持和种种优惠政策。例如，如果选择到西部地区或是从事微利服务行业，就可以得到政府的资金技术等多方面支持。

再次，解读政策有助于创业的顺利进行。

在了解了政策条款后，申报企业、招募员工、融资、后期培训等各方面都会更加顺利，少走一些弯路。不仅如此，还可以巧妙利用政策条款，为自己和企业创造机会，谋求更进一步的发展。

最后，政策解读有利于大学生今后的发展和成才。

大学毕业生可以根据政策条款中的各种要求不断调整自己的目标和预期，在创业过程中，选择顺应政策的方向，不断磨炼自己，完善自己，在创业大军中脱颖而出。

目前，各级政府及相关部门均出台了促进大学生就业的相关政策。下面将部分文件以表格形式列出，方便大家查找阅读。（全文参见中华人民共和国人力资源和社会保障部网站，http://www.mohrss.gov.cn/）

表 0—1　部分国家级针对大学生就业的政策法规

关于加强就业援助工作的指导意见（人社部发［2010］29 号）
关于实施"2010 高校毕业生就业推进行动"大力促进高校毕业生就业的通知（人力资源和社会保障部、教育部、财政部、中国人民银行、国家税务总局、国家工商总局 6 部门）
关于加强普通高等学校毕业生就业工作的通知（国办发［2009］3 号）
国务院关于做好当前经济形势下就业工作的通知（国发［2009］4 号）
教育部关于做好 2010 年普通高等学校毕业生就业工作的通知（教学［2009］15 号）
国家促进普通高校毕业生就业政策百问
关于组织开展高校毕业生到农村基层从事支教、支农、支医和扶贫工作的通知（国人部发［2006］16 号）
2009 年大学生志愿服务西部计划实施方案（全国大学生志愿服务西部计划项目管理办公室）
关于选聘高校毕业生到村任职工作的意见（试行）（组通字［2008］18 号）
关于鼓励科研项目单位吸纳和稳定高校毕业生就业的若干意见（国科发财［2009］97 号）
关于重大科研项目单位吸纳高校毕业生参与研究工作签订服务协议有关问题的通知（人社厅发［2009］47 号）
国务院办公厅转发人力资源和社会保障部等部门关于促进以创业带动就业工作指导意见的通知（国办发［2008］111 号）
教育部办公厅关于当前做好高校困难毕业生就业帮扶工作的通知（教学厅［2009］7 号）
财政部、国家税务总局《关于支持和促进就业有关税收政策的通知》（财税［2010］84 号）
国家税务总局、财政部、人力资源和社会保障部、教育部《关于支持和促进就业有关税收政策具体实施问题的公告》（2010 年第 25 号）

第一章

设立企业的相关政策法规

学习目标：

通过本章的学习，将能够了解：

国家关于企业注册资本（金）的相关规定

国家对于设立不同类型企业的程序和条件的相关规定

国家对于大学生创业设立企业的相关优惠政策

国家对于经营场所的相关规定

如何被认定成为高新技术企业

第一节 关于注册资本（金）相关政策规定

一、关于注册资本（金）

注册资本是公司制企业章程规定的全体股东或发起人认缴的出资额或认购的股本总额，并在公司登记机关依法登记。简而言之，就是公司在登记机关登记注册的资本额，也称为法定资本。

注册资金是国家授予企业法人经营管理的财产或者企业法人自有财产的数额体现。注册资金是企业实有资产的总和；注册资金随实有资金的增减而增减，即当企业实有资金比注册资金增加或减少20%以上时，要进行变更登记。注册资金就是企业全部财产的货币表现，是企业从事生产经营活动的物质基础，是登记主管机关核定企业经营范围和方式的主要依据。

注册资本和注册资金的区别如图1—1所示。

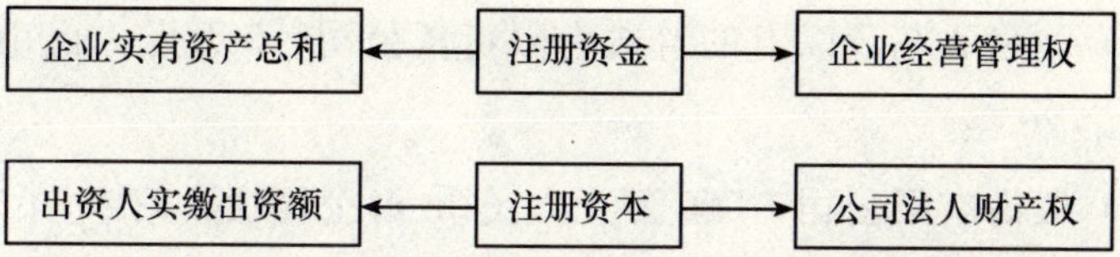

图1—1　注册资金和注册资本的区别

1. 注册资金反映的是企业经营管理权；注册资本反映的是公司法人财产权，所有的股东投入的资本一律不得抽回，由公司行使财产权。

2. 注册资金是企业实有资产的总和，注册资本是出资人实缴的出资额的总和。

3. 注册资金随实有资金的增减而增减，即当企业实有资金比注册资金增加或减少20%以上时，要进行变更登记。而注册资本非经法定程序，不得随意增减。

二、注册资本最低限额、出资方式与比例

根据《公司注册资本登记管理规定》：

1. 注册资本，可以一次或分次缴足到位，但首次出资额不得低于20%，其余部分在公司成立日起两年内缴足（投资公司可以在5年内缴足）。

2. 注册资本，可以用货币、实物（设备、厂房、建筑物）、工业产权（著作权、专利、商标等）、非专利技术、土地使用权出资，但货币出资额不得低于30%，其余70%可以是无形资产或者实物资产。

3. 注册资本的最低限额（内外资一样）：

（1）一人有限责任公司，10 万元人民币一次性缴足到位，特种行业，按行业主管部门规定执行。

（2）两名股东及以上的普通有限责任公司，3 万元人民币（《公司法》第 26 条）。

（3）股份有限公司，500 万元人民币（《公司法》第 81 条）。

（4）特种行业，按行业主管部门规定执行。

《公司法》规定，以工业产权、非专利技术作价出资的金额不得超过公司注册资本的 20％。

北京市政府规定，对高新技术成果的出资经北京市科委认定，可突破 20％，最高达到 35％。

特例：《中关村科技园区企业登记注册管理办法》规定，中关村高新技术产业开发区内注册的高新技术企业，对其高新技术成果出资所占注册资本（金）和股权的比例不作限制，由出资人在企业章程中约定。这意味着只要股东一致同意，并且在章程中明确约定，公司可以全部注册资金都以无形资产形式出资。

【延伸阅读】

一、公司注册需要多少资本

1. 一人有限责任公司注册资本要求

根据公司法的规定，一人有限公司最低注册资本为 10 万元人民币，而且注册资本需一次性出资，不能分期出资。自然人在中国境内只能注册一个一人有限责任公司，企业法人可以注册多个一人有限责任公司。

2. 普通有限责任公司注册资本要求

最为普通的有限公司最低注册资本为 3 万元人民币，注册资本可以分期出资（分期出资必须大于3万元以上的企业），首期出资可以为20%，其余注册资本在两年内到位。注意：一人有限责任公司不得分期到位。

3. 股份公司注册资本要求

股份公司最低注册资本要求为500万元人民币。

4. 集团公司注册资本要求

集团公司依据法律规定，其母公司注册资本最低要求为5 000万元人民币。母、子公司注册资金之和大于1亿元人民币。

5. 特殊行业注册资本要求

特殊行业的注册资本有明确规定，比如国际货运代理最低注册资本为500万元人民币，二级建筑工程公司要求为2 000万元人民币。

二、外商投资企业注册资本与投资总额的比例（见表1—1）

表1—1　外商投资企业注册资本与投资总额的比例

投资总额（万美元）	注册资本（万美元）
≤300	占总投资的7/10
≥300，≤1 000	≥总投资的1/2
≥1 000，≤3 000	≥总投资的2/5
≥3 000	≥总投资的1/3
<3 600	≥1 200

1. 投资总额300万美元以下（含300万美元）的，注册资本不低于总投资的7/10。

2. 投资总额300万～1 000万美元（含1 000万美元），注册资本不低于投资总额的1/2，其中投资总额在420万美元以下的，注册资本不得低于210万美元。

3. 投资总额在1 000万～3 000万美元（含3 000万美元）的，注册资本不低于总投资的2/5，其中投资总额在1 250万美元以下的，注册资本不得低于 500 万美元。

4. 投资总额在 3 000 万美元以上的，注册资本不低于总投资的 1/3，其中投资总额在 3 600 万美元以下的，注册资本不得低于 1 200 万美元。

5. 企业增加投资的，其追加的注册资本与增加的投资额的比例，应按本规定执行。

——（依据《国家工商行政管理局关于中外合资经营企业注册资本与投资总额比例的暂行规定》）

三、设立企业注册登记的相关优惠政策

国家为鼓励大学生创业，在大学生设立企业注册登记方面给予优惠政策，提供便利，主要有如下几个方面：

1. 毕业生在毕业后两年内自主创业，到创业实体所在地的工商部门办理营业执照，注册资金（本）在 50 万元以下的，允许分期到位，首期到位资金不低于注册资本的 10%（出资额不低于 3 万元），1 年内实缴注册资本追加到 50%以上，余款可在 3 年内分期到位。

2. 程序更简化。凡高校毕业生（毕业后两年内，下同）申请从事个体经营或申办私营企业的，可通过各级工商部门注册大厅“绿色通道”优先登记注册。其经营范围除国家明令禁止的行业和商品外，一律放开核准经营。对限制性、专项性经营项目，允许其边申请边补办专项审批手续。对在科技园区、高新技术园区、经济技术开发区等经济特区申请设立个私企业的，特事特办，除了涉及必须前置审批的项目外，试行“承诺登记制”。申请人提交登记申请书、验资报告等主要登记材料，可先予颁发营业执照，让其在 3 个月内按规定补齐相关材料。凡申请设立有限责任公司，以高校毕业生的人力资本、智力成果、工业产权、非专利技术等无形资产作为投资

的，允许抵充40%的注册资本。

3. 减免各类费用。除国家限制的行业外，工商部门自批准其经营之日起1年内免收其个体工商户登记费（包括注册登记、变更登记、补照费等）、个体工商户管理费和各种证书费。对参加个私协会的，免收其1年会员费。对高校毕业生申办高新技术企业（含有限责任公司）的，其注册资本最低限额为10万元，如资金确有困难，允许其分期到位；申请的名称可以“高新技术”“新技术”“高科技”作为行业予以核准。高校毕业生从事社区服务等活动的，经居委会报所在地工商行政管理机关备案后，1年内免予办理工商注册登记，免收各项工商管理费用。

大学毕业生在办理自主创业的有关手续时，除带齐规定的材料、提出有关申请外，还要带上大学毕业生就业推荐表、毕业证书等有关资料。

同时，各地政府积极响应号召，也纷纷出台一系列优惠政策鼓励创业，列举如下：

（一）北京

为支持北京生源应届高校毕业生创办投资少、开办费用低的合伙、个人独资企业及个体工商户，大学生可以用“专利、非专利、股权等非货币资产”出资，注册资本在50万元以下的还可以分两年缴足资本金。此外，如果开办文化经纪、动漫制作等文化创意产业及技术开发、技术转让、技术服务等科技企业或个体工商户的，可以注册在集中办公区，也可以利用住宅作为经营场所进行登记注册，其中在居民住宅楼内设立的，应当按照国家工商总局的有关规定予以办理。此外，免收公告费、登记注册费，并开辟绿色通道为其提供便捷服务。

（二）上海

2009年2月10日起，上海市实行大学生创业注册资本“零首付”。毕业两年内的高校毕业生投资设立注册资本50万元以下的有限责任公司可“零首付”注册，自公司成立之日起两年内缴足注册资本。对该市失业人员、协保人员、农村富余劳动力、毕业两年以内的高校毕业生、残疾人、城镇退役士兵从事个体经营的，自其在工商部门注册登记之日起3年内，免收管理类、登记类、证照类等有关行政事业收费。

(三) 广东

2009年8月，广东省14个部门联合出台《关于贯彻落实〈广东省人民政府办公厅关于促进普通高等学校毕业生就业工作的通知〉的意见》，明确规定，2010年12月31日前，高校毕业生登记设立注册资本10万元以下的有限责任公司（一人有限责任公司除外），经投资者共同申请并作出相应书面承诺，可免缴首期注册资本，但须在法定期限内缴足。除国家限制的行业外，高校毕业生毕业两年内从事个体经营的，自其在工商部门首次注册登记之日起3年内免交登记类、证照类和管理类行政事业性收费，并可享受两年免费档案挂靠服务。

(四) 深圳

为了鼓励高校毕业生通过自主创业实现就业，深圳市劳动保障部门联合工商等相关部门努力降低创业门槛，培植创业主体。例如，多个股东的有限责任公司的最低注册资金从原来的10万元降低到3万元，个人的有限责任公司的最低注册资金仍为3万元，但可分期注资。毕业两年内的高校毕业生投资设立小额注册资本的有限责任公司可“零首付”注册，自公司成立之日起两年内缴足注册资本。同时，经营场地条件有所放宽。经营场地可以是租赁房或自己获得合法产权的房屋，所从事的项目在不影响左邻右舍的前提下可以在家里进行。

（五）杭州

自2009年1月1日起，凡在杭州自主创业的大学生实行工商注册开业免收费；提供宽松的准入服务，企业注册资本最低限额一律降低为3万元；放宽大学生办企业的经营场所，允许租用、使用高校范围内的相应场地注册登记。

（六）呼和浩特

毕业两年内的高校毕业生，投资注册资本50万元以下的有限责任公司，可“零首付”注册，自公司成立之日起半年内缴纳注册资本30%，其余在两年半内缴足。此外，对于除建筑、娱乐行业之外的高校毕业生、下岗失业人员、残疾人、退伍军人和“两牢”释放人员从事个体经营者，工商部门还将实行免收登记费等一切行政收费，在登记注册时提供“绿色通道”。

（七）吉林

吉林省工商局鼓励全民创业，降低企业市场准入门槛，推行“两宽”“三降”创业政策：“两宽”是指拓宽非货币出资领域和放宽创办企业经营场所限制；“三降”是指降低企业注册资本、降低出资比例限制和降低冠“省名”最低标准。创业者不能提供企业经营场所产权证的，可凭房产部门出具使用权证明或银行产权抵押证明办理相关手续。对注册资本在50万元以下的公司制企业，允许注册资本零首付，6个月内注册资本到位20%，其余部分两年内到位。创业者以“中国驰名商标”“吉林省著名商标”作价出资组建股份公司，不受出资比例限制。注册资本在50万元以上的各类企业，经当地工商局认定，可直接报省工商局核准，冠“吉林”或“吉林省”的名称。为缩短办照时间，企业和个体工商户的登记，由国家规定的30个工作日，缩为5个，只要材料齐全当天发照。

第二节 注册企业的条件和程序

注册企业时，对不同类型、不同性质的公司注册要求不一样。公司类别主要有以下几种：

1. 有限责任公司。
2. 股份有限公司。
3. 合伙企业。
4. 个人独资企业。
5. 中外合资企业。
6. 中外合作经营企业。
7. 外商独资。
8. 内外资企业。

一、申请设立公司的条件及程序的相关规定

(一) 申请设立有限责任公司的条件及程序的相关规定

有限责任公司是指依据《公司法》设立，股东以其出资额为限对公司承担责任，公司以其全部资产对公司的债务承担责任的企业法人。

申请设立有限责任公司应具备的条件：

1. 股东符合法定人数（股东人数应为两个及两个以上），50个以下（含50个）。

2. 股东出资达到法定资本最低限额（见《公司法》）。

3. 股东共同制定公司章程。

4. 有公司名称，建立符合有限责任公司要求的组织机构。

5. 有固定的生产经营场所和必要的生产经营条件。

——依据《公司法》第二章

申请有限责任公司设立登记应提交的文件、证件：

1.《企业设立登记申请书》（内含《企业设立登记申请表》《投资者名录》《法定代表人登记表》《董事会成员、经理、监事任职证明》《企业住所证明》等表格）。

2. 公司章程（提交打印件一份，请全体股东亲笔签字；有法人股东的，要加盖该法人单位公章）。

3. 以货币方式出资的，提交《企业交存入资资金凭证》第二联；以非货币方式出资的，不能采取分期缴付方式，应提交全部非货币出资的评估报告（涉及国有资产评估的，应提交国有资产管理部门的确认条件）。

4.《名称（变更）预先核准申请书》及《企业名称预先核准通知书》及其他名称预先登记材料。

5. 股东资格证明。

6.《指定（委托）书》。

7.《企业秘书（联系人）登记表》。

8. 经营范围涉及前置许可项目的，应提交有关审批部门的批准文件；涉及后置许可项目的，应提交《承诺书》。

除上述必备文件外，还应提交打印的股东名录和董事、经理、监事成员名录各一份。

（二）申请设立股份有限公司的条件及程序的相关规定

股份有限公司是指其全部资本分为等额股份，股东以其所持股份为限对公司承担责任，公司以其全部资产对公司的债务承担责任的一种形式。

申请设立股份有限公司应具备的条件：

1. 发起人符合法定人数（一般为 5 个以上）。

2. 发起人认缴和社会公开募集的股本达到法定资本最低限额。

3. 股份发行、筹办事项符合法律规定。

4. 发起人制定公司章程，并经创立大会通过。

5. 有公司名称，建立符合股份有限公司要求的组织机构。

6. 有固定的生产经营场所和必要的生产经营条件。

——依据《公司法》第三章

申请股份有限公司设立登记应提交的文件、证件：

1.《企业设立登记申请书》（内含《企业设立登记申请表》《投资者名录》《法定代表人登记表》《董事会成员、经理监事任职证明》《企业住所证明》等表格）。

2. 国务院授权部门或省、自治区、直辖市政府的批准文件，募集设立的股份有限公司还应提交国务院证券管理部门的批准文件。

3. 创立大会的会议记录或创立大会决议（附董事会、监事会决议）。

4. 公司章程（提交打印件一份，请全体股东亲笔签字；有法人股东的，要加盖该法人单位公章）。

5. 筹办公司的财务审计报告。

6. 发起人的法人资格证明或者自然人身份证明。

7. 以货币方式出资的，提交《企业交存入资资金凭证》第二联；以非货币方式出资的，不能采取分期缴付方式，应提交全部非货币出资的评估报告（涉及国有资产评估的，应提交国有资产管理部门的确认条件）。

8. 国有股权管理批准文件（含国有股权的提交）。

9.《名称（变更）预先核准申请书》及《企业名称预先核准通

知书》及其他名称预先登记材料。

10.《指定（委托）书》。

11.《企业秘书（联系人）登记表》。

12. 经营范围涉及前置许可项目的，应提交有关审批部门的批准文件；涉及后置许可项目的，应提交《承诺书》。

除上述必备文件外，还应提交打印的股东名录和董事、经理、监事成员名录各一份。

（三）申请设立合伙企业的条件及程序的相关规定

合伙企业，是指在中国境内设立的由各合伙人订立合伙协议，共同出资、合伙经营、共享收益、共担风险，并对合伙企业债务承担无限连带责任的营利性组织。

申请设立合伙企业应具备的条件：

1. 有两个以上合伙人，并且都是依法承担无限责任者（合伙人应当为具有完全民事行为能力的人）。

2. 有书面合伙协议。

3. 有各合伙人实际缴付的出资。

4. 有合伙企业的名称。

5. 有经营场所和从事合伙经营的必要条件。

——依据《中华人民共和国合伙企业法》第二章

申请合伙企业设立登记应提交的文件、证件：

1.《企业设立登记申请书》（内含《企业设立登记申请表》《投资者名录》《企业住所证明》等表格）。

2. 全体合伙人的身份证明。

3.《指定（委托）书》。

4. 合伙协议。

5. 出资权属证明。

6.《名称预先核准申请书》《企业名称预先核准通知书》及其他名称预先登记材料。

7. 合伙协议约定或者全体合伙人决定，委托一名或者数名合伙人执行合伙企业事务的，还应当提交全体合伙人签署的委托书。

8.《企业秘书（联系人）登记表》。

9. 经营范围涉及前置许可项目的，应提交有关审批部门的批准文件；涉及后置许可项目的，应提交《承诺书》。

（四）申请设立个人独资企业的条件及程序的相关规定

个人独资企业，是指在中国境内设立，由一个自然人投资，财产为投资人个人所有，投资人以其个人财产对企业债务承担无限责任的经营实体。

申请设立个人独资企业应具备的条件：

1. 投资人为一个自然人。

2. 有合法的企业名称。

3. 有投资人申报的出资。

4. 有固定的生产经营场所和必要的生产经营条件。

5. 有必要的从业人员。

——依据《中华人民共和国个人独资企业法》第二章

申请个人独资企业设立登记应提交的文件、证件：

1.《企业设立登记申请书》（内含《企业设立登记申请表》《投资者名录》《企业住所证明》等表格）。

2.《名称（变更）预告核准申请书》《企业名称预先核准通知书》及其他名称预先登记材料。

3.《指定（委托）书》［投资人自己办理的，不必提交《指定（委托）书》］。

4.《企业秘书（联系人）登记表》。

5. 经营范围涉及前置许可项目的，应提交有关审批部门的批准文件；涉及后置许可项目的，应提交《承诺书》。

（五）申请设立中外合资企业的条件及程序的相关规定

中外合资企业是指外国公司、企业和其他经济组织或个人，按照平等互利的原则，经中国政府批准，在中华人民共和国境内，同中国的公司、企业或其他经济组织或个人共同举办的合营企业。

申请设立中外合资企业应具备的条件：

1. 出资人由中外方的企业和其他经济组织或者个人组成。

2. 从事高新技术领域项目的研究与开发，高新技术产品的生产。

3. 中外合资经营企业的注册资本要与其经营规模相适应，一般不低于 20 万美元，已经取得外国国籍或永久居留权的留学人员设立的合资企业最低注册资本可以等同于 10 万元人民币；注册资本与投资总额的比例应符合中国的有关规定。在合营企业的注册资本中，外国合营者的投资比例一般不低于 25%。合营各方按注册资本比例分享利润和分担风险及亏损。合营者的注册资本如果转让必须经合营各方同意。

——参照《中华人民共和国中外合资经营企业法》

须提交的基本文件、材料

商务部门：

1. 立项的请示（原件）。

2. 合资意向书（原件）。

3. 合资企业合同（原件）。

4. 合资企业章程（原件）。

5. 可行性研究报告（原件）。

6. 投资中方营业执照或身份证复印件。

7. 投资外方合法开业证明或护照复印件。

8. 投资各方资信证明（复印件）。

9. 新设立企业房屋使用证明（包括租房协议、房产证及其复印件）。

10. 董事会成员名单（原件）及身份证明（复印件）。

11. 董事会成员委派函（原件）。

12. 企业名称预告核准通知书（复印件）。

13. 承诺书（原件）。

工商部门：

1.《外商投资企业设立登记申请书》（内含《企业设立登记申请表》《中方投资者名录》《外方投资者名录》《企业法定代表人登记表》《董事会成员、经理任职证明》《企业住所证明》等表格）。

2. 合同、章程。

3. 审批机关的批复和《外商投资企业批准证书》副本1份。

4. 投资各方的合法资格证明。

5. 投资各方的资信证明。

6.《名称（变更）预先核准申请书》及《企业名称预先核准通知书》。

7.《指定（委托）书》。

8.《企业秘书（联系人）登记表》。

9. 经营范围涉及前置审批项目的，应提交有关审批部门的批准文件；涉及后置审批的，应提交《承诺书》。

（六）申请设立中外合作经营企业的条件及程序的相关规定

中外合作经营企业是指外国公司、企业和其他经济组织或个人，按照平等互利的原则，经中国政府批准，在中国境内，同中国的公司、企业或其他经济组织或个人共同举办的合作经营的企业。

申请设立中外合作经营企业应具备的条件：

1. 申请人包括外国的企业和其他经济组织或者个人。

2. 从事高新技术领域项目的研究与开发，高新技术产品的生产。

3. 中外合作经营企业的注册资本要与其经营规模相适应，一般不低于20万美元，已经取得外国国籍或永久居留权的留学人员创办的合作企业最低注册资本可等同于10万元人民币；注册资本与投资总额的比例应当符合中国的有关规定。在注册资本中，外国合作者的投资比例一般不低于25%。合作各方协商确定比例分享利润和分担风险及亏损。

——参照《中华人民共和国中外合作经营企业法》

须提交的基本文件、材料

商务部门：

1. 立项的请示（原件）。

2. 合资意向书（原件）。

3. 合资企业合同（原件）。

4. 合资企业章程（原件）。

5. 可行性研究报告（原件）。

6. 投资中方营业执照或身份证复印件。

7. 投资外方合法开业证明或护照复印件。

8. 投资各方资信证明（复印件）。

9. 新设立企业房屋使用证明（包括租房协议、房产证及其复印件）。

10. 董事会成员名单（原件）及身份证明（复印件）。

11. 董事会成员委派函（原件）。

12. 企业名称预告核准通知书（复印件）。

13. 承诺书（原件）。

工商部门：

1.《外商投资企业设立登记申请书》(内含《企业设立登记申请表》《中方投资者名录》《外方投资者名录》《企业法定代表人登记表》《董事会成员、经理任职证明》《企业住所证明》等表格)。

2. 合同、章程。

3. 审批机关的批复和《外商投资企业批准证书》副本1份。

4. 投资各方的合法资格证明。

5.《名称(变更)预先核准申请书》及《企业名称预先核准通知书》。

6.《指定(委托)书》。

7.《企业秘书(联系人)登记表》。

8. 经营范围涉及前置审批项目的，应提交有关审批部门的批准文件；涉及后置审批的，应提交《承诺书》。

(七) 申请设立外商独资企业的条件及程序的相关规定

外商独资企业是指外国的企业和其他经济组织或者个人在中国境内设立的外资企业。

申请设立外商独资企业应当具备的条件：

1. 申请人为外国的企业和其他经济组织或者个人。

2. 从事高新技术领域项目的研究与开发，高新技术产品的生产。

3. 外资企业的注册资本要与其经营规模相适应，一般不低于15万美元，已取得外国国籍或永久居留权的留学人员创办的外资企业最低注册资本可等同于10万元人民币；注册资本与投资总额的比例应当符合中国的有关规定。

须提交的基本文件、材料：

商务部门：

1. 申请书(原件)。

2. 可行性研究报告(原件)。

3. 企业章程（原件）。

4. 董事会成员委派函（原件）签字。

5. 董事会成员身份证明（复印件）。

6. 投资者合法开业证明（复印件）。

7. 投资者资信证明（一般为银行出具）。

8. 新设立公司房产使用证明（含租房协议、房产证复印件）。

9. 企业名称预先核准通知书（复印件）。

10. 承诺书（原件）。

工商部门：

1.《外商投资企业设立登记申请书》（内含《企业设立登记申请表》《外方投资者名录》《企业法定代表人登记表》《董事会成员、经理任职证明》《企业住所证明》等表格）。

2. 企业章程。

3. 审批机关的批复和《外商投资企业批准证书》副本1份。

4. 投资方的合法资格证明。

5.《名称预先核准申请书》及《企业名称预先核准通知书》。

6.《指定（委托）书》。

7.《企业秘书（联系人）登记表》。

8. 经营范围涉及前置审批项目的，应提交有关审批部门的批准文件；涉及后置审批的，应提交《承诺书》。

【延伸阅读】

内资企业设立申办流程：查名（确定公司名字）→开验资户→验资（完成公司注册资金验资手续）→签字（客户前往工商所核实签字）→申请营业执照→申请组织机构代码证→申请税务登记证→办理基本账户和纳税账户→办理税种登记→办理税种核定→办理印

花税业务→办理纳税人认定→办理办税员认定→办理发票认购手续。

外资企业的办理程序：名称预先核准→起草申报文件、填制申报表格→报商务部门审批可行性报告、合同、章程、董事会组成→到市技术监督局预领企业组织机构代码→办理外商投资企业批准证书→办理工商营业执照。

二、对经营场所的要求及相关优惠政策

在选择企业经营场所时应综合考虑多方面因素，如各区域人才、信息及产业簇群优势、交通情况、写字楼、人员、土地等方面的商务成本的高低，当地政府的服务和支持措施，自身所从事行业特点及未来发展规划。可以自购或自建写字楼，租用写字楼，也可是私有民用住宅（非生产型高新技术企业可以用居民住宅作为企业住所，开展高新技术的经营和科研工作）。

1. “住所（经营场所）”栏应填写详细地址，如“北京市××区××路（街）××号××房间”。

2. 产权人应在“产权人证明”栏内签字、盖章。产权人为单位的加盖单位公章，产权人为自然人的由本人签字，同时提交由产权单位盖章或产权人签字的《房屋所有权证》复印件。

3. 对使用下列未取得房屋主管部门颁发的合法有效产权证明房屋从事经营活动的，除填写本表外，还应提交经区县政府批准或授权的乡、镇政府、其他部门或街道办事处、村民委员出具的《临时住所（经营场所）使用证明》，以及由生产经营场所的使用人与场所提供人签署的不索取拆迁补偿费用的承诺书。

（1）属于使用城镇地区未取得规划、建设等政府部门批准建设的建筑物。

（2）已被区县政府或有关部门列入拆迁范围但并未实施拆迁的建筑物。

（3）农村地区的建筑物。

（4）房屋所有权证明文件上用途一栏空项或商住用途位置无法识别且规划未明确用途的建筑物。

（5）临时建设的商亭、摊点（不含邮政报刊亭、社区便民菜站等）。

4. 除上述情形外，使用下列房屋作为住所的，应当提交相应的住所证明。

（1）自建房作为住所但尚未取得《房屋所有权证》的，可提交建设单位出具的施工许可证、建设许可证复印件作为住所使用证明。

（2）原属区县房屋管理局直管公房作为住所，但因房屋管理局机构调整无法再由其出具权属证明的，可由区县政府明确的部门出具产权证明。

（3）使用国有企业尚未取得《房屋所有权证》的房产作为住所，可由主管该单位的国有资产管理部门或其上级单位出具产权证明。

（4）使用科技园区（开发区）内尚未取得《房屋所有权证》的房产作为住所，由所在区县政府或其授权的部门出具房屋权属证明文件。

（5）房屋提供者系经工商行政管理机关核准的具有出租房屋经营项目的，即经营范围含有“出租商业用房”“出租办公用房”“出租商业设施”等项目的，由该企业提交加盖公章的营业执照复印件及房屋产权证明复印件作为住所使用证明。

（6）使用宾馆、饭店（酒店）作为住所的，提交加盖公章的宾馆、饭店（酒店）的营业执照复印件作为住所（经营场所）使用证明。

（7）使用人防工程作为住所的，提交人防行政主管部门审查同意的《使用人防工程申报表》以及消防部门同意使用的证明文件的复印件。

（8）使用中央各直属机构的房屋作为住所的，由中央各直属机构的房屋管理部门出具房屋使用证明。

（9）使用国务院各部委的房屋作为住所的，由国务院机关事务管理局的房屋管理部门出具房屋使用证明。

（10）使用中央所属企业的房屋作为住所的，由该企业的房屋管理部门出具房屋使用证明。

（11）使用铁路系统的房屋作为住所的，由北京铁路局的房屋管理部门出具房屋权属证明。

（12）使用军队房产作为住所的，提交加盖中国人民解放军房地产管理局专用章的“军队房地产租赁许可证”复印件。

（13）使用中小学校的非教学用房作为住所的，由所在区县教委出具同意经营的意见。

（14）经市商务局确认申请登记为社区便民菜店的，由所在街道办事处或社区综合服务中心出具同意使用该场所作为住所从事经营的证明。

（15）申请从事报刊零售亭经营的，按照北京市《关于加强全市报刊零售亭建设的意见》的规定，由市政管委出具住所证明。

（16）在已经登记注册的商品交易市场内设立企业或个体工商户，住所证明由市场服务管理机构出具，并提交加盖该市场服务管理机构公章的营业执照复印件。

5. 将住宅楼内的房屋改变为经营性用房作为住所（经营场所）的，应当符合国家法律、法规、管理规约的规定，并按以下要求提交有关文件：

（1）已经取得《房屋所有权证》的，提交由产权人签字的房屋所有权证复印件。

（2）购买的商品房未取得《房屋所有权证》的，提交由购房人签字或购房单位盖章的购房合同复印件及加盖房地产开发商公章的商品房预售许可证复印件。

（3）租赁商品房或开发商以所开发的商品房自用作为住所，尚未取得《房屋所有权证》的，可提交开发商的房屋预售许可证及营业执照的复印件。

（4）取得《再就业优惠证》的下岗失业人员以其租赁的公有住房作为住所的，应当提交公有住房租赁合同复印件，并由本人在“产权人签字”处签字，但该签字不具有证明产权归签字人所有的效力；以其购买单位房改房作为经营住所的，应提交购买单位房改房合同及购房发票的复印件。

除提交上述文件外，还应填写《住所（经营场所）登记表》及《关于同意将住宅改变为经营性用房的证明》。

住宅楼及住宅楼底层规划为商业用途的房屋不得从事餐饮服务、歌舞娱乐、提供互联网上网服务场所、生产加工和制造、经营危险化学品等涉及国家安全、存在严重安全生产隐患、影响人民身体健康、污染环境、影响人民生命财产安全的生产经营活动。

6. 根据建设部等部门制定的《关于规范房地产市场外资准入和管理的意见》的有关规定，不得使用境外机构和境外个人购买的房屋作为住所（经营场所）从事经营活动。

近 10 多年来，北京市出台了一系列关于企业买房和买地盖房的支持性措施：

• 以自筹资金新建技术开发的生产、经营性用房，自 1988 年起，5 年内免征建筑税。

——《北京市新技术产业开发试验区暂行条例》（京政发［1988］49号）第5条

• 研发机构需要使用建设用地，优先安排建设用地指标，按重点工程用地优先办理手续；未列入当年建设用地计划指标的，可以追加和调剂解决；对用地项目应征收的管理费，按现行标准减半收取。

——《北京市关于扩大对内开放促进首都经济发展的若干规定》（京政发［2002］12号）第7条

• 对经认定在国家及市政府批准建立的开发区内直接以出让方式取得土地并用于高新技术成果转化项目的高新技术企业，其土地使用权出让金按75%征收，城市基础设施“四源费”和市政公用设施建设费减半征收。高新技术企业用于经认定的重大高新技术成果转化项目的新增用地，免征土地使用权出让金及该项目的城市基础设施“四源费”，减半征收市政公用设施建设费。但如改变土地使用性质或用于非高新技术成果转化项目，须全额补交减免费用。

——《北京市关于进一步促进高新技术产业发展的若干规定》（京政发［2001］38号）第19条

• 在京设立的研发机构，其符合条件的科技成果转化项目可列入本市科技计划，给予适当的科技经费支持。研发机构需要使用建设用地，优先安排建设用地指标，按重点工程用地优先办理手续；未列入当年建设用地计划指标的，可以追加和调剂解决；对用地项目应征收的管理费，按现行标准减半收取。

——《北京市关于扩大对内开放促进首都经济发展的若干规定》（京政发［2002］12号）第7条

• 市财政安排资金，对来京投资企业一次性购买1 000平方米以上（含1 000平方米）商品房用于办公、经营的，按缴纳契税税款的50%给予支持。

——《北京市关于扩大对内开放促进首都经济发展的若干规定》（京政发［2002］12号）第23条

• 鼓励高等院校、科研机构、国内外企业和个人在京投资兴办软件企业或兴建软件园，其建设项目所需用地，凡以出让方式取得土地使用权，可免缴土地出让金。企业在转让土地使用权、改变土地使用性质或被取消软件企业资格时，应按规定补交全部土地出让金。政府有关部门在规划、立项、可行性研究等方面提前介入，主动提供服务。

——《北京市关于鼓励投资软件产业和集成电路产业发展的若干政策》（京政发［2001］4号）第7条

• 土地由合资、合作或者独资企业直接以出让方式取得的，其出让金按75%征收，需缴纳的城市基础设施“四源”建设费和大市政费，减半征收。

——《北京市鼓励外商投资高新技术产业的若干规定》（京政发［1997］14号）第5条

• 高新技术企业受让国有土地使用权，从事高新技术产业研究和生产项目的，按照有关优惠政策执行。

——《中关村科技园区土地一级开发暂行办法》（京政发［2002］16号）第13条

• 外商投资企业在合同规定的筹建期（含基建期，下同）内，按核定的标准缴纳20%的土地使用费。经市财政局批准，生产型企业在规定的筹建期内可免缴土地使用费。

——《北京市征收外商投资企业土地使用费规定》（［北京市人民政府令］1992年第13号）第6条

• 华侨、台湾同胞投资的企业，分别凭市侨务办公室、市对台办公室的批准证明，经财政部门批准，可按核定的标准减收20%～30%的土地使用费。

——《北京市征收外商投资企业土地使用费规定》（[北京市人民政府令] 1992 年第 13 号）第 7 条

• 产品出口企业和先进技术企业经考核达到标准的，经市财政局批准，可按核定的标准减收 10%～30%的土地使用费。

——《北京市征收外商投资企业土地使用费规定》（[北京市人民政府令] 1992 年第 13 号）第 8 条

• 政府以划拨方式为偏大成电路企业提供“七通一平”（通路、上水、雨污水、电力、通信、煤气、热力和平整）的土地，使用期限为 30 年。在使用期限内，企业不得改变土地使用性质，不得转让、抵押。企业以出让方式取得土地使用权，可免交土地出让金，企业在转让土地使用权、改变土地使用性质或被取消集成电路企业资格时，应按规定补交全部土地出让金。

——《北京市人民政府印发关于贯彻国务院鼓励软件产业和集成电路产业发展若干政策实施意见的通知》（京政发［2001］4 号）第 35 条

• 产品出口企业和先进技术企业经考核达到标准的，经市财政局批准，可按核定的标准减收 10%～30%的土地使用费。

——《关于重新制定北京市外商投资企业土地使用费标准的意见》（京政发［2001］74 号）第 14 条

三、如何被认定成为高新技术企业

2008 年 4 月 14 日，国家科学技术部办公厅印发了由科技部、财政部、国家税务总局制定的《高新技术企业认定管理办法》。该办法自 2008 年 1 月 1 日起已实施。

高新技术企业是指在国家重点支持的高新技术领域（电子信息技术、生物与新医药技术、航空航天技术、新材料技术、高技术服务业、新能源及节能技术、资源与环境技术、高新技术改造传统产业）内，持续进行研究开发与技术成果转化，形成企业核心自主知识产权，并以此为基础开展经营活动，在中国境内（不包括港、澳、台地区）注册一年以上的居民企业。

1. 高新技术企业认定条件（必须同时满足）

（1）在中国境内（不含港、澳、台地区）注册的企业，近 3 年内通过自主研发、受让、受赠、并购等方式，或通过 5 年以上的独占许可方式，对其主要产品（服务）的核心技术拥有自主知识产权。

（2）产品（服务）属于《国家重点支持的高新技术领域》规定的范围。

（3）具有大学专科以上学历的科技人员占企业当年职工总数的 30%以上，其中研发人员占企业当年职工总数的 10%以上。

（4）企业为获得科学技术（不包括人文、社会科学）新知识，创造性运用科学技术新知识，或实质性改进技术、产品（服务）而持续进行了研究开发活动，且近 3 个会计年度的研究开发费用总额占销售收入总额的比例符合一定的要求，见表 1—2。

表 1—2　　企业研究开发费用占销售收入的比例

企业销售收入总额（万美元）	研究开发费用总额比例
最近一年＜5 000	≥6%
最近一年≥5 000 或≤20 000	≥4%
最近一年＞20 000	≥3%

其中，企业在中国境内发生的研究开发费用总额占全部研究开

发费用总额的比例不低于60%。企业注册成立时间不足3年的，按实际经营年限计算。

（5）高新技术产品（服务）收入占企业当年总收入的60%以上。

（6）企业研究开发组织管理水平、科技成果转化能力、自主知识产权数量、销售与总资产成长性等指标符合《高新技术企业认定管理工作指引》（另行制定）的要求。

2. 高新技术企业认定程序

（1）企业自我评价及申请

企业登录“高新技术企业认定管理工作网”，对照《高新技术企业认定管理办法》第10条规定条件，进行自我评价。认为符合认定条件的，企业可向认定机构提出认定申请。

（2）提交下列申请材料

1）高新技术企业认定申请书。

2）企业营业执照副本、税务登记证（复印件）。

3）知识产权证书（独占许可合同）、生产批文，新产品或新技术证明（查新）材料、产品质量检验报告、省级以上科技计划立项证明，以及其他相关证明材料。

4）企业职工人数、学历结构以及研发人员占企业职工的比例说明。

5）经具有资质的中介机构鉴证的企业近3个会计年度研究开发费用情况表（实际年限不足3年的按实际经营年限），并附研究开发活动说明材料。

6）经具有资质的中介机构鉴证的企业近3个会计年度的财务报表（含资产负债表、损益表、现金流量表，实际年限不足3年的按实际经营年限）以及技术性收入的情况表。

（3）合规性审查

认定机构应建立高新技术企业认定评审专家库；依据企业的申请材料，抽取专家库内专家对申报企业进行审查，提出认定意见。

（4）认定、公示与备案

认定机构对企业进行认定。经认定的高新技术企业在高新技术企业认定管理工作网上公示15个工作日，没有异议的，报送领导小组办公室备案，在高新技术企业认定管理工作网上公告认定结果，并向企业颁发统一印制的高新技术企业证书。

3. 高新技术企业年审

高新技术企业资格自颁发证书之日起有效期为3年。企业应在期满前3个月内提出复审申请，不提出复审申请或复审不合格的，其高新技术企业资格到期自动失效。高新技术企业复审须提交近3年开展研究开发等技术创新活动的报告。

通过复审的高新技术企业资格有效期为3年。期满后，企业再次提出认定申请的，按规定再次办理；高新技术企业经营业务、生产技术活动等发生重大变化（如并购、重组、转业等）的，应在15日内向认定管理机构报告；变化后不符合本办法规定条件的，应自当年起终止其高新技术企业资格；需要申请高新技术企业认定的，按规定重新办理。

已认定的高新技术企业有下述情况之一的，应取消其资格：（1）在申请认定过程中提供虚假信息的；（2）有偷、骗税等行为的；（3）发生重大安全、质量事故的；（4）有环境等违法、违规行为，受到有关部门处罚的。

被取消高新技术企业资格的企业，认定机构在5年内不再受理该企业的认定申请。

——关于印发《高新技术企业认定管理办法》的通知（国科发火［2008］172号）

本章小结

创业的知识准备	
创业的 6 个阶段	
创业学习的过程	
职业生涯规划	

第二章

创业财政及税收优惠政策

学习目标：

通过本章的学习，将能够了解：

国家对创业者的财税优惠政策

各地方对创业者的财税优惠政策

我国现行的主要税收制度

税收征管的一般程序

第一节 我国现行税法体系及税收优惠制度

税收就像一个大家族，目前我国开征了 19 种税，按征税对象和性质作用可分为四大类。

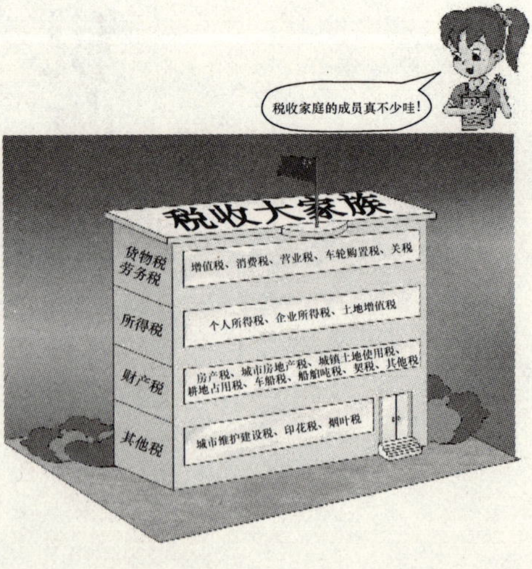

一、与创业有关的主要税种与税率

税种	纳税义务人	税率	主管税务机关
增值税	在中华人民共和国境内销售货物或者提供加工、修理修配劳务以及进口货物的单位和个人	一般纳税人 1. 纳税人销售或者进口货物，除本条第 2 项、第 3 项规定外，税率为 17% 2. 纳税人销售或者进口下列货物，税率为 13% （1）粮食、食用植物油 （2）自来水、暖气、冷气、热水、煤气、石油液化气、天然气、沼气、居民用煤炭制品 （3）图书、报纸、杂志 （4）饲料、化肥、农药、农机、农膜 （5）国务院规定的其他货物 3. 纳税人出口货物，税率为零 4. 纳税人提供加工、修理修配劳务（以下简称应税劳务），税率为 17%	国家税务总局
		小规模纳税人 1. 小规模纳税人生产销售货物，提供加工、修理修配劳务，征收率为 6% 2. 商业企业小规模纳税人销售货物的征收率为 4%	
营业税	在中华人民共和国境内提供本条例规定的劳务、转让无形资产或者销售不动产的单位和个人	交通运输业 3% 建筑业 3% 金融保险业 5% 邮电通信业 3% 文化体育业 3% 娱乐业 20% 服务业 5% 转让无形资产 5% 销售不动产 5%	各省、市、自治区税务局

续表

税种	纳税义务人	税率	主管税务机关
企业所得税	在中华人民共和国境内，企业和其他取得收入的组织	企业所得税的税率为25%	国家税务总局
个人所得税	在中国境内有住所，或者无住所而在境内居住满一年，从中国境内和境外取得的所得的个人 在中国境内无住所又不居住或者无住所而在境内居住不满一年，从中国境内取得的所得的个人	工资、薪金所得税率表： 应纳税所得额不超过500元的5% 应纳税所得额超过500～2 000元的部分10% 应纳税所得额超过2 000～5 000元的部分15% 应纳税所得额超过5 000～20 000元的部分20% 应纳税所得额超过20 000～40 000元的部分25% 应纳税所得额超过40 000～60 000元的部分30% 应纳税所得额超过60 000～80 000元的部分35% 应纳税所得额超过80 000～100 000元的部分40% 应纳税所得额超过100 000元的部分45% （注：应纳税所得额是以每月收入额减除费用1 600元后的余额或者减除附加减除费用后的余额）	各省、市、自治区税务局
		个体工商户的生产、经营所得和对企事业单位的承包经营、承租经营所得税率表： 应纳税所得额不超过5 000元的5% 应纳税所得额超过5 000～10 000元的部分10% 应纳税所得额超过10 000～30 000元的部分20% 应纳税所得额超过30 000～50 000元的部分30% 应纳税所得额超过50 000元的部分35% （注：本表所称全年应纳税所得额是以每一纳税年度的收入总额，减除成本、费用以及损失后的余额）	

二、税收优惠方式

税收优惠包括减税、免税、出口退税及其他一些内容。

1. 减税。即依据税法规定减除纳税义务人一部分应纳税款。它是对某些纳税人进行扶持或照顾，以减轻其税收负担的一种特殊规定。一般分为法定减税、特定减税和临时减税三种方式。

2. 免税。即对某些特殊纳税人免征某种（或某几种）税收的全部税款。一般分为法定免税、特定免税和临时免税三种方式。

3. 延期纳税。即对纳税人应纳税款的部分或全部税款的缴纳期限适当延长的一种特殊规定。

4. 出口退税。为了扩大出口贸易，增强出口货物在国际市场上的竞争力，按国际惯例对企业已经出口的产品退还在出口前各环节缴纳的国内流转税（主要是增值税和消费税）税款。

5. 再投资退税。即对特定的投资者将取得的利润再投资于本企业或新办企业时，退还已纳税款。

6. 即征即退。即对按税法规定缴纳的税款，由税务机关在征税时部分或全部退还纳税人。与出口退税先征后退、投资退税一并属于退税的范畴，其实质是一种特殊方式的免税和减税。目前，中国采取即征即退政策仅限于缴纳增值税的个别纳税人。

7. 先征后返。即对按税法规定缴纳的税款，由税务机关征收入库后，再由税务机关或财政部门按规定的程序给予部分或全部退税或返还已纳税款，它属退税范畴，其实质也是一种特定方式的免税或减免规定。目前，中国采取先征后返的办法主要适用于缴纳流转税和企业所得税的纳税人。

8. 税收抵免。即对纳税人来源于国内外的全部所得或财产课征所得税时，允许以其在国外缴纳的所得税或财产税税款抵免应纳税额，它是解决国际间所得或财产重复课税的一种措施。税收抵免是世界各国的一种通行做法。

9. 投资抵免。即政府对纳税人在境内的鼓励性投资项目允许按投资额的多少抵免部分或全部应纳所得税额。实行投资抵免是政府鼓励企业投资，促进经济结构和产业结构调整，加快企业技术改造步伐，推动产品升级换代，提高企业经济效益和市场竞争力的一种政策措施，是世界各国普遍采取的一种税收优惠政策。从 1999 年起，中国政府开始对技术改造国产设备实施投资抵免政策。

10. 起征点。即对征税对象开始征税的起点规定一定的数额。征税对象达到起征点的就全额征税，未达到起征点的不征税。税法对某些税种规定了起征点。比如，我国现行增值税政策规定，个人销售货物的起征点幅度为月销售额 2 000～5 000 元；个人销售应税劳务的起征点幅度为月销售额 1 500～3 000 元；按次纳税的，起征点为每次（日）销售额 150～200 元。确定起征点，主要是为了照顾经营规模小、收入少的纳税人采取的税收优惠。

11. 免征额。即按一定标准从课税对象全部数额中扣除一定的数额，扣除部分不征税，只对超过的部分征税。

12. 加速折旧。即按税法规定对缴纳所得税的纳税人，准予采取缩短折旧年限、提高折旧率的办法，加快折旧速度，减少当期应纳税所得额。

三、现行主要税收优惠政策

1. 促进区域协调发展的税收优惠政策

促进经济特区、经济技术开发区等特殊区域率先发展的税收优惠政策。对设在经济特区的企业，设在经济技术开发区和上海浦东新区的生产性外商投资企业，2008 年、2009 年、2010 年和 2011 年，分别按18%、20%、22%和24%的税率征收企业所得税。对经济特区和上海浦东新区内在2008年1月1日（含）之后完成登记注册的需要国家重点扶持的高新技术企业，在经济特区和上海浦东新区内取得的所得，自取得第一笔生产经营收入所属纳税年度起，第一年至第二年免征企业所得税，第三年至第五年按照25%的法定税率减半征收企业所得税。

支持西部大开发的税收优惠政策。自2001年至2010年，对设在西部12省（区、市）国家鼓励类的企业，减按15%的税率征收企业所得税；新办交通、电力、水利、邮政、广播电视企业，内资企业自生产经营之日起，外资企业自获利年度起，实行“两免三减”；对西部地区公路国道、省道建设用地，免征耕地占用税；西部民族自治地区省级地方政府有权决定适当减免企业所得税；属国家鼓励项目的进口自用设备可免征进口环节关税、增值税等。

支持东北老工业基地振兴的税收优惠政策。自2004年7月1日起，对东北地区装备制造业、石油化工业等8个行业的企业实行增值税转型改革试点，允许其新购置固定资产（厂房等建筑物除外，下同）所含增值税进项税额予以抵扣；降低对资源开采衰竭期的矿山企业和低丰度油田开发的资源税适用税额标准。

促进中部崛起的税收优惠政策。自2007年7月1日起，对中部地区26个老工业基地城市的装备制造业、采掘业等8个行业的企业比照东北地区实行增值税转型改革试点，允许其新购置固定资产所含增值税进项税额予以抵扣。

促进民族自治地区加快发展的税收优惠政策。民族自治地方的自治机关对本民族自治地方的企业应缴纳的企业所得税中属于地方分享的部分，可以决定减征或者免征。

2. 促进构建社会主义和谐社会的税收优惠政策

服务“三农”的税收优惠政策。2006年，国家全面取消了农业税。对农产品、饲料、化肥等实行13%的增值税低税率，对从事农业生产资料生产、批发、零售的企业暂免征收增值税。对农业生产者销售自产农产品免征增值税。对个人或个体户从事种植业、养殖业、饲养业、捕捞业所得暂不征收个人所得税。对一些涉农项目，如农业机耕、排灌、病虫害防治等免征营业税。对国有粮食购销储运企业经营的政策性粮食免征增值税。企业从事税法规定的农作物、中药材和林木种植、农作物新品种选育、牲畜和家禽饲养、林产品采集、远洋捕捞以及农、林、牧、渔服务业项目的所得，免征企业所得税。企业从事税法规定饮料作物和香料作物种植、海水和内陆养殖项目的所得，减半征收企业所得税。支持农村信用社改革，对改革试点地区的农村信用社减按3%税率征收营业税，同时减免企业所得税。

支持教育事业发展的税收优惠政策。对从事学历教育的学校提供教育劳务、学生勤工俭学提供劳务、托儿所幼儿园提供养育服务取得的收入免征营业税。对政府举办的高等、中等和初等学校举办进修班、培训班取得的收入和职业学校取得的符合规定条件的收入免征营业税。对特殊教育学校举办的企业比照福利企业享受税收优惠政策。对个人取得的教育储蓄存款利息以及教育奖学金，免征个人所得税。对高等院校后勤制度改革后的部分项目收入给予营业税等方面税收优惠政策。

促进文化、卫生、体育事业发展的税收优惠政策。对宣传文化单位，如出版社、演出团体等，给予增值税、营业税优惠政策。对改革试点地区的文化单位、经营性文化事业单位转制企业，在一定期限内减免企业所得税。支持未成年人思想道德建设，对动漫产业比照软件集成电路产业给予增值税、营业税优惠政策。对符合规定条件的医院、诊所以及其他医疗机构提供的医疗服务免征营业税。对北京 2008 年奥运会、残奥会等大型体育运动赛事的组织者、参与者，在增值税、营业税、企业所得税、进口环节关税等方面给予税收优惠政策，对亚运会、亚冬会等洲际赛事以及全国运动会等也给予适当的税收优惠政策。

扶持弱势群体就业再就业的税收优惠政策。对吸纳下岗失业人员的企业，给予减免营业税、城市维护建设税、教育费附加和企业所得税的优惠政策。对吸纳自主择业的军队转业干部、自谋职业的退役士兵、随军家属以及“两劳”解教人员的企业，给予减免营业税的优惠政策，对上述人员进行自主经营的，免征营业税。对吸纳“盲、聋、哑、肢体、智力”残疾人员的各类福利企业，定额减免增值税、营业税；对安置《中华人民共和国残疾人保障法》规定残疾人员的企业，在计算企业所得税时，给予按残疾职工工资加计扣除的优惠。对应届大学生自主创业创办的企业免收税务登记工本费。

鼓励社会捐赠的税收优惠政策。企业发生的公益性捐赠支出，在年度利润总额 12％以内的部分，准予在计算应纳税所得额时扣除。

3. 促进资源节约型、环境友好型社会建设的税收优惠政策

鼓励废旧物资回收利用的税收优惠政策。对废旧物资回收经营企业中的增值税一般纳税人销售废旧物资实行免征增值税的政策。对利用废旧物资生产的增值税一般纳税人从回收经营企业购入的废旧物资，允许其依取得的废旧物资销售发票上所注明的金额，按 10％计算抵扣进项税额。

鼓励资源综合利用的税收优惠政策。企业以《资源综合利用企业所得税优惠目录》规定的资源作为主要原材料，生产国家非限制和禁止并符合国家和行业相关标准的产品取得的收入，按 90％计入收入总额。对企业生产的原料中掺有不少于 30％的煤矸石、石煤、

粉煤灰、烧煤锅炉的炉底渣（不包括高炉水渣）的建材产品，免征增值税。对企业利用废液（渣）生产的黄金、白银，免征增值税。对纳税人以三剩物和次小薪材为原料生产加工的综合利用产品，由税务部门实行增值税即征即退。对利用页岩油及相关产品、再生沥青混凝土、城市生活垃圾生产的电力以及炉底渣及其他废渣生产的水泥等，实行增值税即征即退。对利用石煤、煤矸石、煤泥、油母页岩和风力生产的电力以及部分新型墙体材料产品，减半征收增值税。对燃煤电厂烟气脱硫副产品，实行增值税即征即退的政策。

鼓励抽采利用煤层气的税收优惠政策。对企业瓦斯抽采销售给予增值税先征后返。

对低排量、环保型汽车的消费税给予优惠税率。

4. 促进科技进步和自主创新的税收优惠政策

鼓励高新技术产业发展的税收优惠政策。对软件产品增值税实际税负超过3%的部分实行即征即退政策，新办软件、集成电路企业自获利年度起实行“两免三减”，软件集成电路企业工资培训费税前全额扣除，集成电路企业实行再投资退税，规划布局重点软件企业适用10%的所得税率。对国家需要重点扶持的高新技术企业，减按15%的税率征收企业所得税。

鼓励企业增加研发投入提高自主创新能力的税收优惠政策。对企业开发新技术、新产品、新工艺发生的研发费用允许按实际发生额的150%税前扣除。除国务院财政、税务主管部门另有规定外，企业发生的职工教育经费支出，不超过工资薪金总额2.5%的部分，准予扣除，超过部分，准予在以后纳税年度结转扣除。对企业为生产高新技术产品以及承担国家重大科技专项、国家科技计划重点项目等进口的关键设备以及进口科研仪器和教学用品，免征进口关税和进口环节增值税。

鼓励先进技术推广和应用的税收优惠政策。一个纳税年度内，居民企业技术转让所得不超过500万元的部分，免征企业所得税；超过500万元的部分，减半征收企业所得税。对单位和个人从事技术转让、技术开发业务和与之相关的技术咨询、技术服务业务取得的收入，免征营业税。对转制的科研机构，在一定期限内免征企业所得税、房产税、城镇土地使用税。在一定期限内对科技企业孵化器、国家大学科技园，免征营业税、房产税和城镇土地使用税。

支持科普事业发展的税收优惠政策。对科技馆、自然博物馆、天文馆等科普基地的门票收入，免征营业税。

第二节 创业财政及税收相关政策解读

随着从中央到地方各项鼓励大学生创业的优惠政策的出台，对于有知识、有创业梦想的大学生来说，经济、政策上的各项支持正是我们可以搭乘的东风。目前，国务院办公厅转发了人力资源和社会保障部等11个部门《关于促进以创业带动就业工作的指导意见》，目标是力争用3～5年，实现劳动者创业人数和通过创业带动就业的人数大幅增加，在此背景下，各地针对创业都有利好政策出台。对打算创业的大学生来说，只有了解这些政策，才能走好创业的第一步。

一、创业财政及税收相关政策文件

1. 2011年《关于支持和促进就业有关税收政策的通知》

据最新获悉，财政部、国家税务总局发出《关于支持和促进就业有关税收政策的通知》，自 2011 年 1 月 1 日起，明确毕业生从毕业年度起三年内自主创业可享受税收减免的优惠政策。其中，高校毕业生在校期间创业的，可向所在高校申领《高校毕业生自主创业证》；离校后创业的，可凭毕业证书直接向创业地县以上人社部门申请核发《就业失业登记证》，作为享受政策的凭证。

今年出台的针对高校毕业生自主创业的优惠政策有三方面新的突破。一是我国首次对大学生自主创业出台了税收优惠的政策。世界各国都非常重视大学生创业工作，美国、日本、英国等国均对大学生创新创业有税收减免方面的政策。新出台的政策在这方面填补了我国大学生创业扶持政策的空白。二是创业优惠政策首次覆盖毕业年度内在校创业的大学生。随着创业教育的蓬勃开展，在校大学生创业人数越来越多，而以往的扶持政策都只针对社会人员。现在，国家对在校创业的大学生“扶上马，送一程”，让他们能够更早更快地开创自己的事业。三是首次采用网络申领方式，便捷、高效，充分体现了教育部“高校毕业生就业优质服务年”的工作理念。

高校毕业生自主创业政策的具体内容是，对持《就业失业登记证》(注明“自主创业税收政策”或附着《高校毕业生自主创业证》)毕业生从事个体经营（除建筑业、娱乐业以及销售不动产、转让土地使用权、广告业、房屋中介、桑拿、按摩、网吧、氧吧外）的，在 3 年内按每户每年 8000 元为限额依次扣减其当年实际应缴纳的营业税、城市维护建设税、教育费附加和个人所得税。

2. 国务院办公厅关于加强普通高等学校毕业生就业工作的通知（节选）

对高校毕业生从事个体经营符合条件的，免收行政事业性收费，落实鼓励残疾人就业、下岗失业人员再就业以及中小企业、高新技术企业发展等现行税收优惠政策和创业经营场所安排等扶持政策。

《高校毕业生自主创业证》申领流程

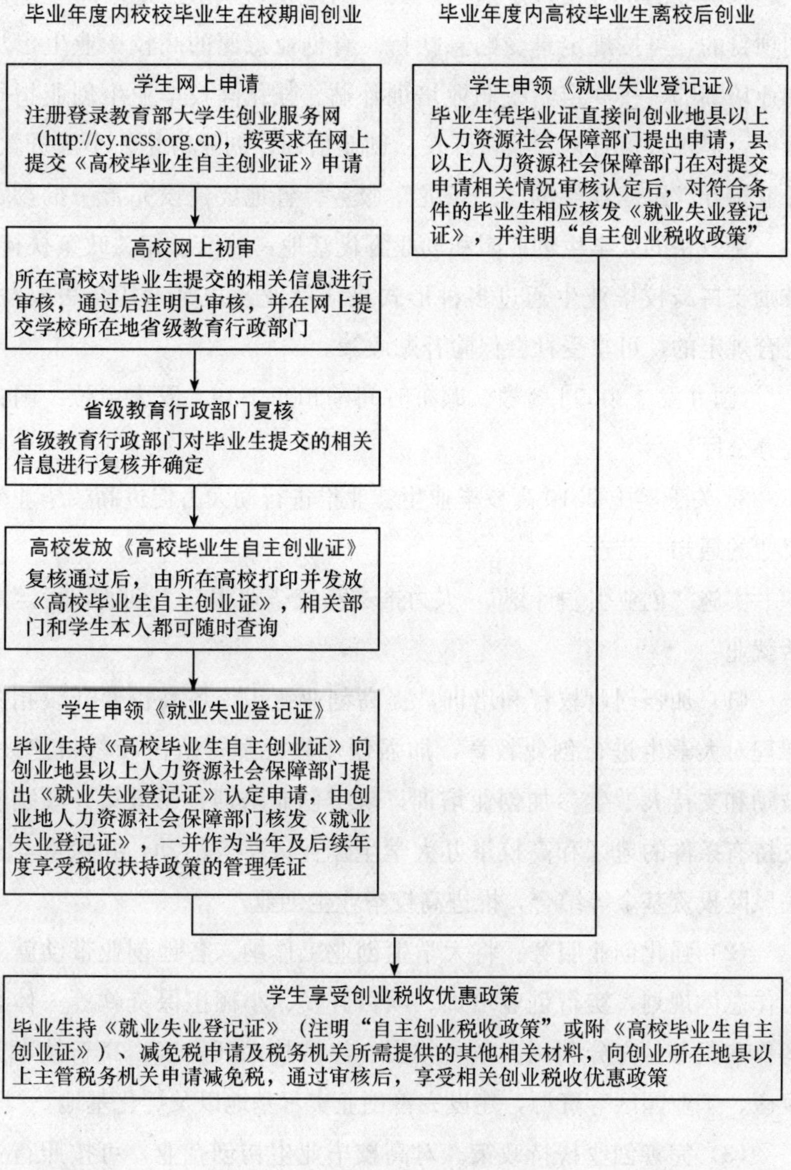

在当地公共就业服务机构登记失业的自主创业高校毕业生，自筹资金不足的，可申请不超过5万元的小额担保贷款；对合伙经营和组织起来就业的，可按规定适当扩大贷款规模；从事当地政府规定微利项目的，可按规定享受贴息扶持。有创业意愿的高校毕业生参加创业培训的，按规定给予职业培训补贴。强化高校毕业生创业指导服务，提供政策咨询、项目开发、创业培训、创业孵化、小额贷款、开业指导、跟踪辅导的“一条龙”服务。各地要建设完善一批投资小、见效快的大学生创业园和创业孵化基地，并给予相关政策扶持。鼓励支持高校毕业生通过多种形式灵活就业，并保障其合法权益，符合规定的，可享受社会保险补贴政策。

（国办发［2009］3号，颁布时间：2009-1-19，发文单位：国务院办公厅）

3. 关于实施2010高校毕业生就业推进行动大力促进高校毕业生就业的通知（节选）

实施“创业引领计划”，大力推进高校毕业生自主创业，稳定灵活就业：

（1）加强创业教育和培训，提高创业意识。各高校要开设相关课程对大学生进行创业教育，加强创业教育师资队伍和教材建设。鼓励和支持大学生参加创业培训，落实创业培训补贴政策。鼓励和支持有条件的地区和高校举办大学生创业大赛等活动，并探索与有关风险投资基金等结合，推进高校毕业生创业。

（2）强化创业服务。将大学生创业工作纳入各地创业带动就业工作总体规划，实行创业培训、项目开发、小额担保贷款等一体化运作和服务。充分利用大学科技园、经济技术开发区、高新技术开发区、工业园区等资源，建设完善创业实习基地以及孵化基地。

（3）完善创业扶持政策。对高校毕业生初创企业，可按照行业特点，合理设置资金、人员等准入条件，并允许注册资金分期到位。允许高校毕业生按照法律法规规定的条件、程序和合同约定将家庭住所、租借房、临时商业用房等作为创业经营场所。对应届及毕业两年以内的高校毕业生从事个体经营的，自其在工商部门首次注册登记之日起 3 年内，免收登记类和证照类等有关行政事业性收费；登记求职的高校毕业生从事个体经营，自筹资金不足的，可按规定申请小额担保贷款，从事微利项目的，可按规定享受贴息扶持；对合伙经营和组织起来就业的，贷款规模可适当扩大。完善整合就业税收优惠政策，鼓励高校毕业生自主创业。

（4）稳定灵活就业。对灵活就业高校毕业生申报就业的，提供免费劳动保障和人事代理服务，做好社会保险关系等的接续。落实符合就业困难人员条件高校毕业生灵活就业的社会保险补贴政策，逐步实现就业的稳定。

（人社部发［2010］25 号，颁布时间：2010-4-7，发文单位：人力资源和社会保障部、教育部、财政部等）

4. 关于对从事个体经营的下岗失业人员和高校毕业生实行收费优惠政策的通知（节选）

对从事个体经营的高校毕业生实行收费优惠政策，是党中央、国务院促进下岗失业人员再就业以及引导和鼓励高校毕业生自主就业的重要举措。从事个体经营的高校毕业生，应向相关收费单位出具《毕业证》原件并提交复印件，经收费单位审核无误并备案后免交有关收费。除国家限制的行业（包括建筑业、娱乐业以及销售不动产、转让土地使用权、广告业、房屋中介、桑拿、按摩、网吧、氧吧等，下同）外，高校毕业生从事个体经营的，且在工商部门注册登记日期在其毕业后两年以内的，自其在工商部门登记注册之日起 3 年内免交有关登记类、证照类和管理类收费。

从事个体经营的高校毕业生免交的收费项目具体包括：

（1）工商部门收取的个体工商户注册登记费（包括开业登记、变更登记、补换营业执照及营业执照副本）、个体工商户管理费、集贸市场管理费、经济合同鉴证费、经济合同示范文本工本费。

（2）税务部门收取的税务登记证工本费。

（3）卫生部门收取的行政执法卫生监测费、卫生质量检验费、预防性体检费、卫生许可证工本费。

（4）民政部门收取的民办非企业单位登记费（含证书费）。

（5）劳动保障部门收取的劳动合同鉴证费、职业资格证书工本费。

（6）国务院以及财政部、国家发展改革委批准设立的涉及个体经营的其他登记类、证照类和管理类收费项目。

（7）各省、自治区、直辖市人民政府及其财政、价格主管部门按照管理权限批准设立的涉及个体经营的登记类、证照类和管理类收费项目。

（财综［2006］7号，颁布时间：2006-1-13，发文单位：财政部、国家发展和改革委员会）

二、国家对创业者财政及税收优惠政策解读及分析

国家针对所有自主创业的大学生所制定的优惠政策有：

1. 企业所得税方面：对新办咨询业、信息业、技术服务企业或经营单位的，经主管税务机关批准，自开业之日起，第一年至第二年免缴企业所得税；对新办独立核算的交通运输业、通信业企业或经营单位，经主管税务机关批准，自开业之日起第一年免征企业所得税，第二年减半征收企业所得税。

2. 对新办独立核算的公用事业、商业、物资业、对外贸易业、

旅游业、仓储业、居民服务业、饮食业、教育文化卫生业的企业或经营单位，自开业之日起，经主管税务机关批准，可减征或免征企业所得税一年。

3. 对到国家确定的“老、少、边、穷”地区新办的企业，经主管税务机关批准，可在 3 年内免征企业所得税。

三、部分地方对创业者财政及税收优惠政策解读及分析

为更好地配合和落实国家税收优惠政策，各地政府也出台了相关的政策法规，这些政策更加细化、更贴近地方实际，很多地方都提出大学毕业生创业可先“试水”半年的政策，力图把风险降到最低，提高创业成功率。

1. 北京市高校毕业生创业的税收优惠政策

北京市大学毕业生新办咨询业、信息业、技术服务业的企业或经营单位，经税务部门批准，免征企业所得税两年；新办从事交通运输、邮电通信的企业或经营单位，经税务部门批准，第一年免征企业所得税，第二年减半征收企业所得税；新办从事公用事业、商业、物资业、对外贸易业、旅游业、物流业、仓储业、居民服务业、饮食业、教育文化事业、卫生事业的企业或经营单位，经税务部门批准，免征企业所得税一年。

2. 上海市高校毕业生创业的税收优惠政策

上海市的高校毕业生创业政策扶持工作一向走在各地的前列，除国家限制的行业外，高校毕业生毕业两年内从事个体经营的，自其在工商部门首次注册登记之日起 3 年内免交登记类、证照类和管理类行政事业性收费，并可享受两年免费档案挂靠服务。同时，高校毕业生创办高新技术企业、软件生产企业、小型微利企业或从事农林牧渔业，符合现行税法规定条件的，均可享受相关税收优惠。

高校毕业生创办企业被省科技厅、省财政厅、省国税局、省地税局认定为高新技术企业后，减按15%的税率征收企业所得税，税收优惠执行时间从当年的1月1日算起。高校毕业生创办符合条件的小型微利企业减按20%的税率征收企业所得税。企业从事中药材的种植、林木的培育和种植等项目的所得，免征企业所得税。

具体税费减免政策如下：

（1）个体经营减免行政事业性收费

项目简介：为鼓励市民创业，降低创业成本，2009年2月，市工商局出台了鼓励创业促进就业的若干意见，对本市失业人员、协保人员、农村富余劳动力、毕业两年以内的高校毕业生、残疾人、城镇退役士兵从事个体经营的，自其在工商部门注册登记之日起3年内，免收管理类、登记类、证照类等有关行政事业收费。

适用对象：从事个体经营的本市失业人员、协保人员、农村富余劳动力、毕业两年以内的高校毕业生、残疾人、城镇退役士兵。

实施机构：经营所在地的工商行政管理所。

政策依据：《上海市工商行政管理局关于鼓励创业促进就业的若干意见》（沪工商注［2009］49号）。

咨询渠道：登录上海市工商行政管理局门户网站（http://www.sgs.gov.cn）。

（2）新办服务型、商贸型企业吸纳就业的税收优惠政策

项目简介：为切实鼓励企业吸纳就业困难人员，对符合条件的企业，在新增加的岗位中，当年新招用本市失业、协保人员及农村富余劳动力，并与其签订1年以上期限劳动合同并缴纳社会保险费的，经劳动保障部门核定和税务部门审核，可以按实际招用人数，在国家规定定额最高上浮额度内，依次扣减营业税、城市维护建设税、教育费附加、河道工程修建维护管理费和企业所得税，期限最

长不超过 3 年，对 2008 年年底前核准减免税但未到期的企业，在剩余期限内仍按原方式继续享受减免税政策。2008 年后的税收减免按照《国务院关于做好当前经济形势下就业工作的通知》(国发[2009] 4 号)的精神予以实施。

适用对象：服务型企业(除广告业、房屋中介、典当、桑拿、按摩、氧吧外)、商贸企业、劳动就业服务企业中的加工型企业和街道社区具有加工性质的小型企业实体。

受理机构：企业吸纳本市失业、协保人员及农村富余劳动力的认定工作由市和区县劳动保障部门负责，经认定的企业可依法向主管税务机关申请减免税。

政策依据：《关于本市促进再就业有关税收优惠政策具体实施意见的通知》(沪国税法[2006] 4 号)。

咨询渠道：登录上海劳动保障服务网(http://www.12333sh.gov.cn)或拨打 12333 咨询电话。

(3) 企业登记公告免费服务

项目简介：为支持市民创业，降低创业成本，2009 年 2 月，市工商局出台了鼓励创业促进就业的若干意见，由市工商局网站(www.sgs.gov.cn)免费为企业设立登记、名称变更登记和注销登记，发布企业法人登记公告，企业可不再通过其他商业媒体刊登上述登记公告。

适用对象：办理设立登记、名称变更登记和注销登记的企业。

受理机构：上海市工商行政管理局企业注册处及各分局企业注册科(处)。

政策依据：《上海市工商行政管理局关于鼓励创业促进就业的若干意见》(沪工商注[2009] 49 号)。

咨询渠道：登录上海市工商行政管理局门户网站(http://

www. sgs. gov. cn)。

3. 天津市高校毕业生创业的税收优惠政策

在校大学生自主创业的，可保留其一定时期的学籍。高校毕业生自主创业的，两年内免收劳动人事代理费，3 年内给予社会保险补贴；其缴纳养老保险的年限，在评定专业技术职务时可计算为工作年限，被党政机关事业单位录用和聘用后，其养老保险缴费年限计算为工龄。

科技人员可用专利等无形资产参与入股投资或高新技术企业的增资扩股投资。回国留学人员在津从事高新技术成果转化取得的工薪收入，视同境外收入，在计算个人应纳所得税额时，适用附加减除费用的规定。

对各类人员创办企业和从事个体经营的，免收管理类、登记类、证照类等有关行政事业性收费。

4. 广东省高校毕业生创业的税收优惠政策

广东扶持高校毕业生自主创业，自主创业者可享受多种税费减免政策。这些税费减免政策包括如下多种：

高校毕业生创办高新技术企业、软件生产企业、小型微利企业或从事农林牧渔业，符合现行税法规定条件的，均可享受相关税收优惠。高校毕业生自主创办企业为开发新产品、新技术、新工艺发展的研究开发费用，未形成无形资产计入当期损益的，在按规定据实扣除的基础上，再按照研究开发费用的 50%加计扣除；形成无形资产的，按照无形资产成本的 150%摊销；高校毕业生创办企业被省科技厅、省财政厅、省国税局、省地税局认定为高新技术企业后，减按 15%的税率征收企业所得税，税收优惠执行时间从当年的 1 月 1 日算起。高校毕业生创办符合条件的小型微利企业减按 20%的税率征收企业所得税。企业从事下列项目的所得，免征企业所得税：

蔬菜、谷物、薯类、油料、豆类、棉花、麻类、糖料、水果、坚果的种植；农作物新品种的选育；中药材的种植；林木的培育和种植；牲畜、家禽的饲养；林产品的采集；灌溉、农产品初加工、兽医、农技推广、农机作业和维修等农、林、牧、渔服务业项目的；远洋捕捞。企业从事下列项目的所得，减半征收企业所得税：花卉、茶以及其他饮料作物和香料作物的种植；海水养殖、内陆养殖。此外，高校毕业生自主创业还可享受一些补贴政策和相关服务。

【延伸阅读】

税收优惠小案例

刚大学毕业的小徐由于专业面窄，实习经历少，在一次又一次的求职碰壁后，有了创业的念头。

到相关部门咨询后他才知道，原来自己可以享受多种优惠政策，除了贷款担保外，还能享受税费减免的优惠，这使原本犹豫不决的小徐坚定了自己的创业计划："如果说开业优惠能增强信心和勇气的话，那么税收优惠则免去了我的后顾之忧。"

创业家点评

通过小案例，我们了解到，税费减免的政策主要集中在 4 个方面：

（1）商贸型、服务型企业的优惠政策。

（2）高校毕业生创业方面的税收优惠政策。

（3）失业、协保人员、农村富余劳动力从事个体经营的优惠政策。

（4）劳动就业服务企业的税收优惠政策。

第三节 实际操作指南

税收征管的一般程序包括税务登记、账簿和凭证管理、发票管理、纳税申报、税款征收、税务检查等环节。税收征管法对税务机关和纳税人在各环节的权利、义务进行了规范，并明确了不履行义务的行政或法律责任。

一、税务登记

税务登记是纳税人在开业、歇业前以及生产经营期间发生变动时，就其生产经营的有关情况向所在地税务机关办理书面登记的一种制度。税务登记是税收征管的首要环节，具有应税收入、应税财产或应税行为的各类纳税人，都应依法办理税务登记。

（一）税务登记办理要求及适用范围

1. 开业登记。从事生产经营的纳税人，在领取营业执照之后的30天内，持相关证件和资料，向税务机关申报办理设立登记。税务机关自收到申请之日起，在30天内审核并发给税务登记证件。

2. 变更登记。纳税人税务登记内容发生变化的，在工商行政管理机关办理变更登记后的30天内，持有关证件向税务机关申报办理变更税务登记。

3. 停复业登记。定期定额征收方式的纳税人在营业执照核准的经营期限内需要停业或复业的，向税务机关提出申请，经税务机关审核后进行停业或复业税务登记。纳税人在停业期间发生纳税义务的，应当按照税收法律、行政法规的规定申报缴纳税款。停业期满不能及时恢复生产经营的，应提前向税务机关提出延长停业登记申请，否则税务机关视为已复业进行征税和管理。

4. 注销登记。纳税人发生解散、破产、撤销以及其他情形，需要依法终止纳税义务的，纳税人应当在向工商行政管理机关申请办理注销之前，向税务机关申报办理注销登记。纳税人需要向税务机关提交相关证件和资料，结清应纳税款、多退（免）税款、滞纳金和罚款，缴销发票、税务登记证和其他税务证件，经税务机关核准后，办理注销税务登记手续。

5. 报验登记。从事生产、经营的纳税人到外县（市）临时从事生产、经营活动时，应当向营业地税务机关申请报验登记。

（二）税务登记证管理

1. 定期换证制度。税务机关实行税务登记证定期换证制度，一般三年一次。

2. 年检制度。税务机关实行税务登记证年检制度，一般一年一次。

3. 国、地税局联合办理税务登记制度。税务机关积极推行国税局、地税局联合办理税务登记制度，方便纳税人，加强管户配合。

4. 部门配合制度。为推进社会综合治税，税收征管法规定工商行政管理机关应当将办理登记注册、核发营业执照情况，定期向税务部门通报；银行或其他金融机构应在从事生产、经营的纳税人的账户中登录税务登记证件号码，并为税务部门依法查询纳税人开户情况予以协助。

5. 遗证补办制度。纳税人、扣缴义务人遗失税务登记证件的，应在规定期限内按程序向主管税务机关申请补办税务登记证件。

（三）违法处理

纳税人未按规定办理、使用登记证；纳税人的开户银行和其他金融机构未按税收征管法的规定在从事生产、经营的纳税人账户中登录税务登记证号码，或者未按规定在税务登记证中登录纳税人账号的，由税务机关责令限期改正，并视情节给予相应罚款等行政处罚。

二、账簿和凭证管理

账簿是纳税人、扣缴义务人连续记录其各种经济业务的账册和簿籍。凭证是纳税人用来记录其各种经济业务，明确经济责任，并据以登记账簿的书面证明。税务部门按照税收法律、行政法规和财务会计制度规定，对纳税人的会计账簿、凭证等实行管理和监督，是税收征管的重要环节。

1. 纳税人财务、会计制度备案制度。从事生产经营的纳税人应当自领取营业执照之日起 15 日内，将其财务、会计制度或者财务、会计处理办法和会计核算软件，报送主管税务机关备案。采用计算机记账的，其记账软件和使用说明及有关资料在使用前也应当报送税务机关备案。

2. 企业财务会计制度与税收规定不一致的处理办法。纳税人执行的财务、会计制度或办法与税收规定抵触的，依照有关税收规定计算纳税。

3. 账簿设置要求。纳税人应按要求设置总账、明细账、日记账（特别是现金日记账和银行存款日记账）以及与履行纳税义务有关的其他辅助账簿。

4. 记账凭证使用要求。记账凭证应合法、有效。合法，是指要按照法律、行政法规的规定取得填制凭证、不得使用非法凭证；有效，是要求取得和填制的凭证内容真实，要素齐全。

5. 账簿及凭证保管要求。纳税人应按《会计档案管理办法》的规定保存账簿、记账凭证、完税凭证及其他有关资料，不得伪造、变造或者擅自损毁。

6. 税控装置使用要求。税务部门根据税收征收管理的需要，积极推广税控装置。纳税人应当按照规定安装、使用税控装置，不得损毁或擅自改动税控装置。

7. 违法处理。纳税人未按规定设置、保管账簿或者保管记账凭证和有关资料，未按规定将财务、会计制度或办法和会计核算软件报送税务机关备查，未按规定安装使用税控装置，非法印制完税凭证的，由税务机关责令限期改正，并视情节给予相应罚款等行政处罚。

三、发票管理

发票是生产、经营单位和个人在购销商品、提供和接受服务以及从事其他经营活动中，开具、收取的收付款凭证。按照发票使用范围，分为增值税专用发票和普通发票两大类。税务机关是发票主管机关，负责发票印制、领购、开具、取得、保管、缴销的管理和监督。

(一) 发票印制

发票一般由税务机关统一设计式样，设专人负责办理印制和管理，并套印全国统一发票印制章。其中，增值税专用发票由国家税务总局指定的企业印制；普通发票分别由各省、自治区、直辖市国家税务局、地方税务局指定企业印制，对某些特殊经营行业，可由各主管部门统一设计发票格式、内容，报请主管税务机关审核同意，发给“发票印制通知书”。

未经上述税务机关指定，任何单位和个人不得擅自印制发票。

(二) 发票领购

1. 依法办理税务登记的单位和个人，在领取税务登记证件后，可提交有关材料，向主管税务机关申请领购发票。对无固定经营场地或者财务管理制度不健全的纳税人申请领购发票，主管税务机关有权要求其提供担保人，不能提供担保人的，可以视情况要求其提供保证金，并限期缴销发票。

2. 纳税人可以根据自己的需要，履行必要的手续后，申请领购普通发票。申请领购增值税专用发票的单位和个人必须是增值税一般纳税人。但增值税一般纳税人会计核算不健全，不能向税务机关准确提供增值税销项税额、进项税额、应纳税额及其他有关增值税税务资料；销售货物全部属于免税项目的；有税收征管法规定的税收违法行为、拒不接受税务机关处理的，或者有下列行为之一，经税务机关责令限期改正而仍未改正的，不得领购增值税专用发票：虚开增值税专用发票；私自印制专用发票；向税务机关以外的单位和个人买取专用发票；借用他人专用发票；未按规定开具专用发票；未按规定保管专用发票和专用设备；未按规定申请办理防伪税控系统变更发行；未按规定接受税务机关检查。

3. 临时到本省、自治区、直辖市以外从事经营活动的单位或者个人，除了具备领购发票的一般条件外，应当凭所在地税务机关开具的外出经营证明，并按规定提供保证人或者缴纳不超过1万元的保证金，向经营地主管税务机关申请领购经营地发票，并限期缴销。

4. 税务部门对纳税人领购发票实行交旧领新、验旧领新、批量供应方式。

（三）发票开具

销货方应按规定填开发票；购买方应按规定索取发票；纳税人进行电子商务必须开具或取得发票；发票要全联一次填写，严禁开具“大头小尾”发票；发票不得跨省、直辖市、自治区使用，开具发票要加盖财务印章或发票专用章；开具发票后，如发生销货退回需要开红字发票的，必须收回原发票并注明“作废”字样或取得对方有效证明；发生销货折让的，在收回原发票并注明“作废”后，重新开具发票。

增值税一般纳税人销售货物和应税劳务，除另有规定外，必须向购买方开具增值税专用发票。

(四) 取得发票的管理

单位和个人在购买商品、接受经营服务或从事其他经营活动支付款项时，要按规定索取合法发票。对不符合规定的发票，包括发票本身不符合规定（白条或伪造的假发票、作废的发票等）、发票开具不符合规定、发票来源不符合规定的，任何单位和个人有权拒收。

(五) 发票的保管和缴销

税务机关内部或者用票单位和个人必须建立严格的发票专人保管制度、专库保管制度、专账登记制度、保管交接、定期盘点制度，保证发票安全。用票单位和个人应按规定向税务机关上缴已经使用或未使用的发票，税务机关应按规定统一将已经使用或者未使用的发票进行销毁。

(六) 违法处理

违反发票管理规定，未按规定印制发票或者生产防伪专用品，未按规定领购、开具、取得、保管发票，非法携带、邮寄、运输或者存放空白发票，私自印制、伪造变造、倒买倒卖发票等行为，税务机关可以查封、扣押或者销毁，没收非法所得和作案工具，并处以相应罚款等行政处罚，情节严重构成犯罪的，移送司法机关处理。

四、纳税申报

纳税申报是纳税人按照税法规定的期限和内容，向税务机关提交有关纳税事项书面报告的法律行为，是纳税人履行纳税义务、承担法律责任的主要依据，是税务机关税收管理信息的主要来源和税务管理的一项重要制度。

（一）申报对象

纳税人或者扣缴义务人无论本期有无应缴纳或者解缴的税款，都必须按税法规定的申报期限、申报内容等，如实向主管税务机关办理纳税申报。

（二）申报内容

纳税申报的内容主要体现在纳税申报表或代扣缴税款报告表中，主要项目包括税种、税目，应纳税项目或者应代扣代缴、代收代缴税款项目，计税依据，扣除项目及标准，适用税率或者单位税额，应退税项目及税额、应减免税项目及税额，应纳税额或者应代扣代缴、代收代缴税额，税款所属期限、延期缴纳税款、欠税、滞纳金等。

纳税人办理纳税申报时，除如实填写纳税申报表外，还要根据情况报送有关证件、资料等。

（三）申报期限

纳税人、扣缴义务人要依照法律、行政法规或者税务机关依法确定的申报期限如实办理纳税申报，报送纳税申报表、财务会计报表或者代扣代缴、代收代缴税款报告表以及税务机关要求报送的其他纳税资料。

（四）申报方式

1. 直接申报（上门申报）。直接申报是纳税人和扣缴义务人自行到税务机关办理纳税申报或者报送代扣代缴、代收代缴报告表的申报方式。

2. 邮寄申报。经税务机关批准的纳税人、扣缴义务人使用统一规定的纳税申报特快专递专用信封，通过邮政部门办理交寄手续，并向邮政部门索取收据作为申报凭据的方式。邮寄申报以寄出的邮戳日期为实际申报日期。

3. 电子申报。经税务机关批准的纳税人，通过电话语音、电子数据交换和网络传输等方式办理纳税申报的一种方式。纳税人采用电子方式办理纳税申报的，要按照税务机关规定的期限和要求保存有关资料，并定期书面报送主管税务机关。

4. 银行网点申报。税务机关委托银行代收代缴税款，纳税人在法定的申报期限内到银行网点进行申报。

5. 简易申报。简易申报是指实行定期定额征收方式的纳税人，经税务机关批准，通过以缴纳税款凭证代替申报。

6. 其他方式。纳税人、扣缴义务人可以根据税法规定，委托中介机构税务代理人员代为办理纳税申报或简并征期的一种申报方式。

（五）延期申报

纳税人、扣缴义务人不能按期办理纳税申报或者报送代扣代缴、代收代缴税款报告表的，经税务机关核准，可以延期申报，但要在纳税期内按照上期实际缴纳的税额或者税务机关核定的税额预缴税款，并在核准的延期内办理税款结算。

（六）违法处理

纳税人、扣缴义务人不按规定期限办理纳税申报的，税务机关可责令限期改正，并视情节给予相应罚款。

五、税款征收

税款征收是税务机关依据国家税收法律、行政法规确定的标准和范围，通过法定程序将纳税人应纳税款组织征收入库的一系列活动。税款征收是税收征管活动的中心环节，也是纳税人履行纳税义务的体现。

（一）税款征收主要方式和适用对象

查账征收。税务机关根据纳税人会计账簿等财务核算资料，依照税法规定计算征收税款的方式。适用于财务制度健全、核算严格规范，纳税意识较强的纳税人。

核定征收。税务机关根据纳税人从业人数、生产设备、耗用原材料、经营成本、平均利润率等因素，查定核实其应纳税所得额，据以征收税款的方式。一般适用于经营规模较小、实行简易记账或会计核算不健全的纳税人。

定期定额征收。税务机关根据纳税人自报和一定的审核评议程序，核定其一定时期应税收入和应纳税额，并按月或季度征收税款的方式。一般适用于生产经营规模小、不能准确计算营业额和所得额的小规模纳税人或个体工商户。

代收、代扣代缴。税务机关按照税法的规定，对负有代收代缴、代扣代缴税款义务的单位和个人，在其向纳税人收取或支付交易款项的同时，依法从交易款项中扣收纳税人应纳税款并按规定期限和缴库办法申报解缴的税款征收方式。适用于有代收代缴、代扣代缴税款义务的单位和个人。

委托代征。税务机关依法委托有关单位和个人，代其向纳税人征收税款的方式。主要适用于零星、分散、流动性大的税款征收，如集贸市场税收、车船税等。

查验征收。税务机关对纳税人应税商品通过查验数量，按照市场同类产品平均价格，计算其收入并据以征收税款的方式。一般适用于在市场、车站、码头等场外临时经营的零星、流动性税源。

（二）纳税期限与延期缴纳

纳税人、扣缴义务人必须依法按照规定的期限，缴纳或者解缴税款。未按照规定期限缴纳或解缴税款的，税务机关除责令限期缴纳外，从滞纳税款之日起，按日加收滞纳税款万分之五的滞纳金。

对纳税人因不可抗力，导致发生较大损失、正常生产经营活动受到较大的影响，或当期货币资金在扣除应付职工工资、社会保险费后，不足以缴纳税款的，经省、自治区、直辖市国家税务局、地方税务局批准，可以延期缴纳税款，但最长不能超过3个月。经批准延期缴纳的税款不加收滞纳金。

（三）税款减免

税款减免是税务机关依据税收法律、行政法规和国家有关税收的规定，给予纳税人的减税或免税。

按法律、法规规定或者经法定的审批机关批准减税、免税的纳税人，要持有关文件到主管税务机关办理减税、免税手续。减税、免税期满，应当自期满之日次日起恢复纳税。

享受减税、免税优惠的纳税人，如果减税、免税条件发生变化的，要自发生变化之日起15日内向税务机关报告；不再符合减税、免税条件的，要依法履行纳税义务，否则税务机关予以追缴。

（四）税款退还和追征

对计算错误、税率适用不当等原因造成纳税人超过应纳税额多缴的税款，税务机关应及时退还。纳税人超过应纳税额缴纳的税款，税务机关发现后立即退还；纳税人自结算缴纳税款之日起3年内发现的，可以向税务机关要求退还多缴的税款并加算银行同期存款利息，税务机关及时查实后要立即退还。

同时，对因税务机关的责任，致使纳税人、扣缴义务人未缴或者少缴税款的，税务机关在3年内可以要求纳税人、扣缴义务人补缴税款，不得加收滞纳金；因纳税人、扣缴义务人计算错误等失误，未缴或者少缴税款的，税务机关在3年内可以追征税款、滞纳金；有特殊情况的，追征期可以延长到5年；对偷税、抗税、骗税的，税务机关追征其未缴或者少缴的税款、滞纳金或者所骗取的税款，不受上述规定期限的限制。

（五）税收保全和强制执行

税收保全措施是税务机关为了保证税款能够及时足额入库，对有逃避纳税义务的纳税人的财产的使用权和处分权予以限制的一种行政保全措施，是保证税收征管活动正常进行的一种强制手段。主要包括书面通知纳税人开户银行或者其他金融机构冻结纳税人的相当于应纳税款的存款，以及扣押、查封纳税人的价值相当于应纳税款的商品、货物或者其他财产两方面内容。

税收强制执行是税务机关依照法定的程序和权限，强迫纳税人、扣缴义务人、纳税担保人和其他当事人缴纳拖欠的税款和罚款的一种强制措施，主要包括两方面内容，即书面通知纳税人的开户银行或者其他金融机构从其存款中扣缴税款；扣押、查封、依法拍卖或者变卖其相当于应纳税款的商品、货物或者其他财产。

税务机关采取税收保全、强制执行措施必须符合法定的条件和程序，如违法采用，将承担相应的行政赔偿责任。同时，一旦税收得到实现，相应的税收保全、强制执行措施应立即解除。

（六）违法处理

纳税人偷税、骗税、欠税、逃避追缴欠税，纳税人、扣缴义务人不缴或者少缴税款、编造虚假计税依据，有关单位和个人因违法行为导致他人未缴少缴或者骗取税款等行为，妨害税款征收的，由税务机关责令限期改正，给予相应罚款等行政处罚，情节严重构成犯罪的，追究相应的刑事责任。

六、税务检查

税务检查是税务机关依照国家有关税收法律、法规、规章和财务会计制度的规定，对纳税人、代扣代缴义务人履行纳税义务、扣缴义务情况进行审查监督的一种行政检查。税务检查是确保国家财政收入和税收法律、行政法规、规章贯彻落实的重要手段，是国家经济监督体系中不可缺少的组成部分。

(一) 税务机关在税务检查中的权力

为保证税务机关能通过检查全面真实地掌握纳税人和扣缴义务人生产、经营及财务情况，税收征管法明确规定了税务机关在税务检查中的权力，包括查账权、场地检查权、责成提供资料权、调查取证权、查证权、检查存款账户权，并对各项权力的行使规定了明确的条件和程序。

(二) 税务检查的形式

按实施主体分类，税务检查可分为税务稽查和征管部门的日常检查。税务稽查是由税务稽查部门依法组织实施的，对纳税人、扣缴义务人履行纳税义务、扣缴义务的情况进行的全面、综合的专业检查，主要是对涉及偷税、逃税、抗税和骗税的大案要案的检查。征收管理部门的检查是征管机构在履行职责时对征管中的某一环节出现的问题或者防止在征管某一环节出现问题而进行的税务检查。

(三) 税务检查的规范

1. 对税务机关行使税务检查权的规范。(1) 控制检查次数。税务机关建立科学的检查制度，统筹安排检查工作，严格控制对纳税人、扣缴义务人的检查次数。国家税务总局规定，由稽查部门牵头，统一布置部署各类检查，建立国地税联合检查和检查结果共享制度，减少重复检查。(2) 实行检查回避制度。税务人员进行税务检查，查处税收违法案件，实施税务行政处罚，与纳税人、扣缴义务人存在下列关系之一的，应当回避：夫妻关系；直系血亲关系；三代以内旁系血亲关系；近姻亲关系；可能影响公正执法的其他利害关系。对税务人员应回避而没有回避，对直接负责的主管人员和其他直接责任人员，依法给予行政处分。(3) 应当出示相关税务证件。税务机关派出人员进行税务检查时，应当出示税务检查证和税务检查通知书。（4）税务机关实施税务检查，应当有两人以上参加。（5）检查存款账户在审批、使用、人员等方面有严格限制。如税务机关查询从事生产经营的纳税人、扣缴义务人在银行或者其他金融机构的存款账户，应经县以上税务局（分局）局长批准，凭全国统一格式的检查存款账户许可证明进行检查。税务机关在调查税收违法案件时，必须经设区的市、自治州以上税务局（分局）局长批准，才可以查询案件涉嫌人员的储蓄存款，并不得将查询存款所获得的资料用于税收以外的用途。（6）调账检查有严格的审批和时间限制。经县以上税务局（分局）局长批准，可以将纳税人、扣缴义务人以前会计年度的账簿、记账凭证、报表以及其他有关资料调回税务机关进行检查，但是，税务机关必须向纳税人、扣缴义务人开付清单，并在3个月内完整退还。有特殊情况的，经设区的市、自治州以上税务局局长批准，税务机关可以将纳税人、扣缴义务人当年的账簿、记账凭证、报表和其他资料调回检查，但必须在30日内退还。（7）应保守被检查人的秘密。

2. 对纳税人和有关部门配合税务检查的规范。纳税人、扣缴义务人必须接受税务机关依法进行的税务检查，如实反映情况，提供有关资料，不得拒绝、隐瞒。有关部门和单位应当支持、协助税务机关依法进行的税务检查，如实向税务机关反映纳税人、扣缴义务人和其他当事人与纳税或者代扣代缴、代收代缴税款有关的情况，提供有关资料或证明材料。

（四）税务检查的程序

1. 选案。主要通过采用计算机选案分析系统进行筛选，采取人工归集分类、比例选择或随机抽样进行筛选，根据公民举报、上级交办、有关部门转办、交叉协查、情报交换等资料确定检查对象3

种方式。其中，涉税举报是查处涉税违法案件重要来源之一。

2. 检查。税务检查机构一般应提前以书面形式通知被查对象，向被查的单位和个人下达《税务检查通知书》，告知其检查时间、需要准备的资料、情况等，但有下列情况不得事先通知：公民举报有税收违法行为的；稽查机关有根据认为纳税人有违法行为的；预先通知有碍稽查的。税务人员在检查过程中，应依照法定权限和程序向被查对象、证人及利害关系人了解情况，提取和索取物证、书证，进行实物或实地检查等。

3. 审理。在实施检查完毕的基础上，由税务机关专门组织或人员核准案件事实，审查鉴别证据、分析认定案件性质，作出处理决定。对数额较大、情节复杂或征纳双方争议较大的重大案件，税务检查机构及时提请所属税务机关的重大税务案件审理委员会进行集体审理，确保案件定性和处理的准确、适当。

4. 执行。税务检查事项完毕后，税务部门应及时将《税务处理决定书》送达纳税人，并督促被查对象将查补税款、滞纳金及罚款及时、足额缴入国库。

本章小结

对创业者的财税优惠政策	
国家级优惠政策	
地方级优惠政策	• 北京 • 上海 • 天津 • 广东
亲自动手办税流程	

税收征管的一般程序流程总结：

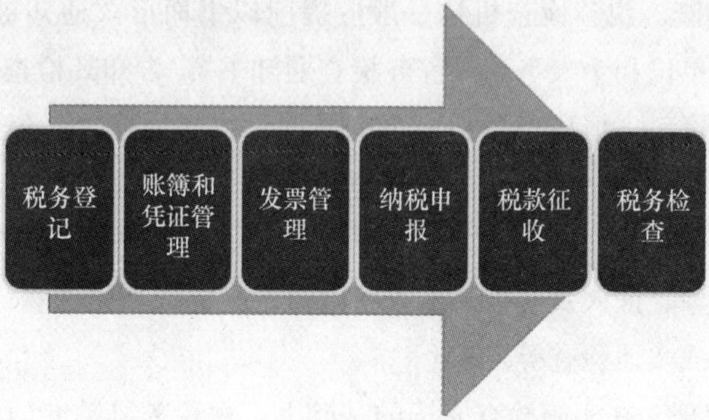

课后思考题

阅读下面的案例，并回答 3 个问题。

（1）为什么国家和各级政府要出台针对大学生创业的优惠政策？

（2）假设作为大学生的你，将创立一个新的企业，你拟从哪几个方面来运用国家的优惠措施？

（3）从以下案例中你获得的最大启示是什么？

小王即将大学毕业，他认为自身的性格和条件适合创业，并为创业的事情筹划了很长时间，偶然的机会他看到一些国家对大学生创业的支持措施，于是他找到学校的职业发展中心，咨询中心的老师向他介绍了大学生创业的优惠政策。

（1）大学毕业生在毕业后两年内自主创业，到创业实体所在地的工商部门办理营业执照，注册资金（本）在 50 万元以下的，允许分期到位，首期到位资金不低于注册资本的 10%（出资额不低于 3 万元），一年内实缴注册资本追加到 50%以上，余款可在 3 年内分期到位。

（2）大学生毕业生新办咨询业、信息业、技术服务业的企业或经营单位，经税务部门批准，免征企业所得税两年；新办从事交通运输、邮电通信的企业或经营单位，经税务部门批准，第一年免征企业所得税，第二年减半征收企业所得税；新办从事公用事业、商业、物资业、对外贸易业、旅游业、物流业、仓储业、居民服务业、饮食业、教育文化事业、卫生事业的企业或经营单位，经税务部门批准，免征企业所得税一年。

（3）各国有商业银行、股份制银行、城市商业银行和有条件的城市信用社要为自主创业的毕业生提供小额贷款，并简化程序，提供开户和结算便利，贷款额度在2万元左右。贷款期限最长为两年，到期确定需延长的，可申请延期一次。贷款利息按照中国人民银行公布的贷款利率确定，担保最高限额为担保基金的5倍，期限与贷款期限相同。

（4）政府人事行政部门所属的人才中介服务机构，免费为自主创业毕业生保管人事档案（包括代办社保、职称、档案工资等有关手续）两年；提供免费查询人才、劳动力供求信息，免费发布招聘广告等服务；适当减免参加人才集市或人才劳务交流活动收费；优惠为创办企业的员工提供一次培训、测评服务。

（5）以上优惠政策是国家针对所有自主创业的大学生所制定的，各地政府为了扶持当地大学生创业，也出台了相关的政策法规，而且更加细化，更贴近实际。

小王在系统了解有关大学生创业的政策之后，他对自己大学毕业后的创业的前途信心更足了。

资料来源：融资通（http://www.rztong.com.cn）

第三章

创业信贷优惠政策

学习目标：

通过本章的学习，将能够了解：

个人创业贷款的申请相关政策

小额贷款政策

不同人群的创业贷款政策

全国各地创业信贷优惠政策

第一节　小额贷款政策

一、融资简介

在创业之初，最需要创业者关注的就是“钱”的问题。融资方式一般有以下几种：寻求政策性扶持资金支持、获取媒体的创业资助、银行的小额信用贷款、银行的抵押贷款、银行的个人创业贷款、银行的担保贷款、银行的质押贷款、社会或企业或个人的资金支持等。

归纳起来，创业贷款最常见也是最行之有效的有 3 种方式，见表 3—1。

表 3—1　　常见融资方式

常见方式	简　介
银行贷款	具有经营能力或已经从事生产经营活动的个人，因创业或再创业提出资金需求申请，经银行认可有效担保后而发放的一种专项贷款。符合条件的借款人，根据个人的资源状况和偿还能力，最高可获得单笔50万元的贷款支持；对创业达一定规模或成为再就业明星的人员，还可提出更高额度的贷款申请。创业贷款的期限一般为1年，最长不超过3年。为了支持下岗职工创业，创业贷款的利率还可以按人民银行规定的同档次利率下浮20%，许多地区推出的下岗失业人员创业贷款还可享受60%的政府贴息
商业抵押贷款	目前，只要抵押手续符合要求，银行就会不问贷款用途。需要创业的人，可以灵活地将个人消费贷款用于创业。抵押贷款金额一般不超过抵押物评估价的70%，贷款最高限额为30万元。如果创业需要购置沿街商业房，可以用拟购房子作抵押，向银行申请商用房贷款，贷款金额一般不超过拟购商业用房评估价值的60%，贷款期限最长不超过10年。因创业需要购置轿车、卡车、客车、微型车以及进行出租车营运的借款人，还可以办理汽车消费贷款，此贷款一般不超过购车款的80%，贷款期限最长不超过5年
保证贷款	如果你没有存单、国债，也没有保单，但你的妻子或父母有一份稳定的收入，那么这也能成为绝好的信贷资源。当前银行对高收入阶层情有独钟，律师、医生、公务员、事业单位员工以及金融行业人员均被列为信用贷款的优待对象，这些行业的从业人员只需找一到两个同事担保，就可以在工行、建行等金融机构获得10万元左右的保证贷款。而且这种贷款不用办理任何抵押、评估手续。如果你有这样的亲属，可以以他的名义办理贷款，在准备好各种材料的情况下，当天即能获得创业资金

【延伸阅读】

融资，是指为支付超过现金的购货款而采取的货币交易手段，或为取得资产而集资所采取的货币手段。融资通常是指货币资金的持有者和需求者之间，直接或间接地进行资金融通的活动。

在我国法律法规及相关政策中，涉及融资部分的有：

- 《中华人民共和国劳动合同法》
- 各地大学生科技创业基金管理办法
- 各地大学生创业申请及受理的优惠政策
- 各银行个人质押贷款管理办法等

二、小额担保贷款政策

(一) 国家对小额担保贷款的规定

小额担保贷款是指通过政府出资设立担保基金，委托担保机构提供贷款担保，由经办商业银行发放，以解决符合一定条件的待就业人员从事创业经营自筹资金不足的一项贷款业务，包括自谋职业、自主创业或合伙经营和组织起来创业的开办经费和流动资金。

小额担保贷款是政府鼓励支持下岗失业人员自谋职业、自主创业的重要扶持政策。对于刚刚走出校门的大学生来讲，小额贷款是自主创业最主要的资金来源。

截至 2007 年年底，全国金融机构累计发放小额担保贷款 153 亿元。国家规定个人申请额度最高不超过 5 万元，各地区对申请小额担保贷款额度有不同规定，许多地区额度还高于 5 万元。

合伙经营贷款额度更大；小额担保贷款的期限一般不超过两年，可展期一年。

目前各金融机构对个人新发放的小额担保贷款的最高额度为 5 万元，对首次创业的高校毕业生，其贷款额度可提高到 10 万元，对其创办企业吸纳高校毕业生就业的，按每人 2 000～4 000 元给予一次性岗位补贴。

(二) 申请小额担保贷款的资格

同样，利用表格的形式给出申请小额担保贷款的资格要求。首先要求借款人申请小额贷款时有一定的自有资金和固定的经营场所。

小额担保贷款申请资格见表 3—2。

表 3—2　　小额担保贷款申请资格

<table>
<tr><td>人群对象</td><td colspan="2">登记失业人员、军队退役人员、被征地农民、残疾人、随军家属、高校毕业生、返乡农民自谋职业、自主创业以及境外就业的，可申请小额担保贷款</td></tr>
<tr><td>证件要求</td><td colspan="2">持有劳动保障部门核发的《再就业优惠证》</td></tr>
<tr><td>个人素质</td><td colspan="2">有贷款项目及可行性分析和实施计划
个人信誉良好、无不良信用记录或其他违法行为
参加过创业培训并有与实施项目相应的经营能力</td></tr>
<tr><td rowspan="2">材料要求</td><td>从事个体经营</td><td>1. 申请人本人资料
(1) 贷款申请人及配偶户口簿、身份证原件及复印件
(2) 失业人员需提供失业证（或在人力资源“一卡通”系统中确认是自谋职业状态）
(3) 军队退役人员需提供军人退出现役有效证件原件及复印件
(4) 高校毕业生需持毕业证书原件及复印件
(5) 残疾人需提供残联部门核发的伤残人证明原件及复印件
(6) 随军家属应提供本人及配偶身份证及有关部门出具的随军证明原件及复印件
2. 工商部门登记注册的营业执照或其他部门颁发的许可证明原件及复印件
3. 反担保证明
4. 贷款银行要求提供的其他材料</td></tr>
<tr><td>境外就业</td><td>1. 贷款申请人户口簿、身份证原件及复印件
2. 反担保证明
3. 与境外就业中介机构和境外雇主签订的就业方面的有关协议和合同
4. 贷款银行要求提供的其他材料</td></tr>
</table>

续表

材料要求	创办企业	1. 申请人本人资料：同从事个体经营的要求 2. 企业营业执照副本原件及营业执照正本复印件（加盖本企业公章） 3.《招用人员就业备案、劳动合同备案花名册》《社会保险费专用收款票据》和《参加社会保险人员基本信息及增减变化表》（贷款申请人必须在本单位缴纳社会保险费） 4. 项目可行性分析及还贷能力报告 5. 对创业1年以上的企业，需提交前一年度的财务报表和会计师事务所出具的审计报告 6. 反担保证明 7. 验资报告 8. 贷款经办银行要求提供的其他材料

需要注意的是，上述表格中提到的所有材料需用A4纸一式复印4份，提供原件，递交复印件（营业执照需加盖单位公章），身份证需复印正反两面，户口本需复印首页、索引、卡片等。房产证需复印完整。原件核对后当场退还本人。

（三）申请小额担保贷款的程序

小额担保贷款的申请程序和普通贷款的程序基本一致，如图3—1所示。

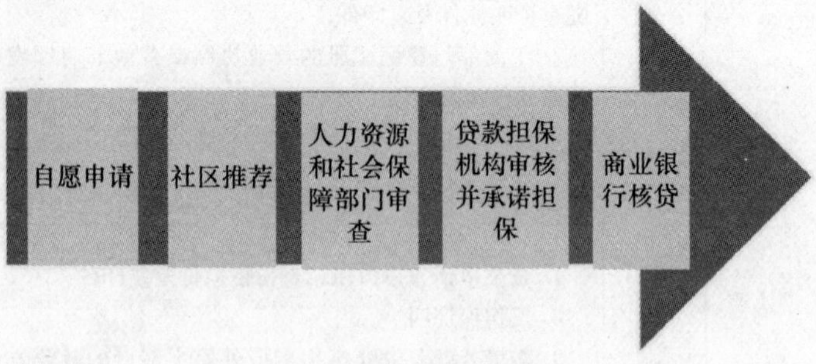

图3—1 小额担保贷款的申请程序

从事个体经营或境外就业的市内贷款申请人，向户口所在地街道劳动保障服务中心提出申请；创办企业的市内贷款申请人持相关材料直接到所在区就业服务中心提出申请。

（四）小额贷款额度、期限、利率和还款方式

1. 从事个体经营或境外就业的，可申请5万元以内（含5万元）的小额担保贷款，贷款期限不超过两年。贷款利率可在中国人民银行公布的贷款基准利率的基础上上浮3%。采取按月付息、到期还本方式还款。

2. 创办企业的，贷款额度控制在10万～20万元。其中对吸纳失业人员5人以下的，贷款额度最高不超过10万元（含10万元）；对吸纳失业人员5人（含5人）以上的，贷款额度最高不超过20万元（含20万元）。吸纳失业人员数量以企业签订一年以上（含一年）劳动合同，并缴纳各项社会保险费的人数为准。贷款利率可在中国人民银行公布的贷款基准利率的基础上上浮3%。贷款期限不超过两年。采取前12个月按月付息，后12个月按月还本付息方式还款，其中，一年期以内贷款可以采取按月付息，到期一次性还款的方式。

3. 对贷款期限不足两年的，按期还本付息后，可申请给予剩余期限的再次贷款。有逾期还款记录者，取消再次小额担保贷款资格。

（五）借款人获得贷款后应履行的义务

1. 诚实守信，严格履行约定的义务，自觉接受贷款银行和担保机构的贷后管理及财务监督，保证贷款用途合理。

2. 运用贷款发展经营所增加的就业岗位，应当优先吸纳本地的下岗失业人员。

3. 根据与贷款银行签订的还款计划，及时还本付息，取得良好的信用记录。

【延伸阅读】

京津沪信用担保机构名录

北京

单位	通信地址
首创投资担保有限责任公司	西城区阜外大街甲28号京润大厦14层
北京中关村科技担保有限公司	海淀区中关村南大街35号中关村科技发展大厦C座十一层
中投信用担保有限公司	东方广场W2-7层1-4室
银鸿担保有限公司	朝阳区新源里南路6号京城大厦2301室
北京光彩担保服务有限公司	顺义区仓上街3号（顺义工商分局108房间）
中元国信信用担保有限公司	朝阳区南新源西路松榆花园御景园会所二层
北京市鑫顺投资担保有限公司	顺义金街南口发展计划委员会106室（府前东街北侧）
华夏信用担保有限公司	朝阳公园西路京达国际公寓一层（C+D）
中骏盛华担保有限公司	朝阳区西大望路甲23号珠江帝景2号楼3002室
中企信用担保有限公司	西城区金融大街23号平安大厦709-711室
紫御湾投资担保有限公司	北京海淀区首体南路6号新世纪饭店写字楼1551室
中国华海投资担保有限公司	西城区月坛北街26号恒华国际商务中心806室北京市广安门内大街338号
国信国际担保有限公司	北京市朝阳区安定门外甲1号信义大厦13层
中鸿联合信用担保有限公司	北京市海淀区苏州街29号1号楼2层
润联信用担保有限公司	西城区德胜门外大街11号美江大厦621室

天津

单位	通信地址
天津市中小企业信用担保中心	河西区解放南路富裕广场4-4-803
天津市中小企业信用担保基金管理中心	和平区睦南道109号

续表

单位	通信地址
天津泰达小企业信用担保中心	天津开发区天大科技园F座二层
天津市融信投资担保有限公司	河西区解放南路256号泰达大厦12D
天津泰达担保有限公司	河西区解放南路泰达大厦20层L座
天津市华森投资担保有限公司	河西区黑牛城道57号津玉大厦10层
天津创业投资担保有限公司	和平区西康路赛顿中心
天津市和投投资担保有限公司	和平区都市花园大厦5号楼12层
天津华正投资担保有限公司	华苑产业区鑫茂科技园综合楼三层301
天津德海投资担保有限公司	河东区富民路14号
天津北信投资担保有限公司	开发区第三大街39号西部110单元
天津亿融投资担保有限公司	河东区六纬路117号
天津市浩信信用担保有限责任公司	南开区苍穹道32号（工商银行2楼）
天津德泰信用担保有限公司	解放北路63号
天津市北方投资担保有限公司	河西区友谊北路合众大厦B座4楼
天津市德维投资担保有限公司	友谊路3#友城名居5-2-102
天津永信投资担保有限公司	开发区泰达中心酒店2507号
天津市佳泰投资担保有限公司	河西区围堤道125号天信大厦1405
天津海泰投资担保有限责任公司	华苑产业区华天道6号6层
天津源融投资担保有限公司	河西区环湖南道9号
天津泰和投资担保有限公司	河西区环湖南道9号10门
天津市日升昌投资担保有限公司	南开区仁爱壕景庄园河景园2#
天津市津能投资担保有限公司	河西区友谊北路银丰花园
天津市虹融创业投资担保有限公司	红桥区金兴科技大厦10层
天津市建信投资担保有限公司	南开区白堤路航宇公寓1-5-502
天津福源投资担保有限公司	华苑园区天发科技园2号楼2门801
天津市国信投资担保有限公司	开发区腾飞路5号B-3A
天津市开源投资担保有限公司	南开区广开新街10号
天津市融金投资担保有限公司	塘沽中心北路增1号天航大厦906室
天津金财担保有限公司	南开区宜宾道6号

续表

单位	通信地址
金水（天津）投资担保有限公司	河西区解放南路496号
天津亿达投资担保有限公司	开发区第一大街翠园别墅3号
环渤海担保有限公司	河北区昆纬路88号
天津恒远投资担保有限公司	静海县静海镇北华路
天津汇丰投资担保有限公司	南开区红旗南路508号
天津中小企业金融服务有限责任公司	和平区西康路33号康岳大厦裙楼8层
天津仁宇投资担保有限公司	河西区黑牛城道218号
天津市建业投资担保有限公司	南开区向阳路23号
天津市金泰投资担保有限公司	华苑产业区物华道2号C座525
天津市金泽沣投资担保有限公司	武清区豆张庄乡政府东侧

上海

单位	通信地址
中国投资担保有限公司上海分公司	陆家浜路1060号1号楼16楼
南汇区中小企业贷款信用担保中心	惠南镇人民西路85号13楼
松江区中小企业贷款信用担保中心	松江荣乐东路145号
奉贤区小企业贷款担保中心	奉贤区南桥镇江海路232号
崇明县私营企业贷款担保协会	崇明县城桥镇东门路378号401室
杨浦区中小企业信用担保中心	杨浦区凤城四村8号
上海东方惠金担保有限公司	张江高科技园区蔡伦路780号
上海张江中小企业信用担保中心	浦东新区春晓路350号北三楼307室
上海中科智担保有限公司	浦东大道1号12B01室
上海融真担保租赁有限公司	逸仙路661号新海大厦4楼
上海银信投资担保有限公司	张杨路838号华都大厦29楼AB座
上海住房置业担保有限公司	镇宁路18号
上海汇金担保有限公司	南京西路1468号中欣大厦1806室
上海恒洋投资担保有限公司	襄阳南路228号404室

续表

单位	通信地址
上海中财担保有限公司	襄阳南路365号
上海元易信担保有限公司	南汇区秀浦路99号
上海华宁担保股份有限公司	中山西路520号
上海银兴担保有限公司	中山北一路1230号柏树大厦A座1906室
上海银润担保有限公司	沪松公路2996号8楼
上海银广企担保有限公司	逸仙路889号
上海瑞银担保有限公司	杨浦区国宾路36号20层2006室
上海馥地担保有限公司	淮海中路1412弄15号
上海中资投资担保有限公司	控江路71号沧达大厦6楼
上海神陆担保有限公司	上海市邯郸路98号无锡大厦
上海富国信用担保有限公司	江西中路56号
中易安房地产担保有限公司上海分公司	浦东南路528号上海证券大厦南2207
上海中民经济担保租赁有限公司	虹口区逸仙路300号801
上海银利华投资担保有限公司	艘高西路101号401室
上海明弈担保有限公司	淞沪路98号平盛大厦11楼F03
上海金瑞担保有限公司	浦东唐镇银行卡园区金丰路55号3楼
上海广信担保有限公司	曲阳路800号曲阳商务大厦3410室

三、个人小额短期信用贷款

个人小额短期信用贷款是贷款人为解决借款人临时性的消费需要而发放的期限在1年以内、金额在2万元以下、无须提供担保的人民币信用贷款。

（一）个人小额短期信用贷款申请资格见表 3—3。

表 3—3 个人小额短期信用贷款申请资格

人群对象	在中国境内有固定住所、有当地城镇常住户口（或有效居住证明）、具有完全民事行为能力的中国公民 借款人所在单位必须是由贷款人认可的并与贷款人有良好合作关系的行政及企事业单位且需由贷款人代发工资
经济要求	有正当的职业和稳定的经济收入（月工资性收入需在 1 000 元以上），具有按期偿还贷款本息的能力 在银行开立信用卡或活期储蓄账户
个人素质	遵纪守法，没有违法行为及不良信用记录
文件要求	与贷款人签订同意从信用卡或活期储蓄账户中扣收贷款的协议 贷款申请审批表 本人有效身份证
其他要求	贷款方的其他特殊规定

（二）贷款的期限、利率

1. 个人小额短期信用贷款期限在 1 年（含）以下。

2. 个人小额短期信用贷款利率按照中国人民银行规定的短期贷款利率执行，上浮幅度按照中国人民银行有关规定执行。在贷款期间遇利率调整时，执行合同利率，不分段计息。贷款期限不足 6 个月的，按 6 个月档次利率计息。

3. 个人小额短期信用贷款额度起点为 2 000 元，贷款金额不超过借款人月均工资性收入的 6 倍，且最高不超过 2 万元。

4. 个人小额短期信用贷款一般不办理展期。确因不可抗力或意外事故而不能按期还贷的，经贷款人同意可予以展期一次，且累计贷款期限不得超过 1 年。展期前的利息按原合同约定的利率支付。展期后的利息，累计贷款期限不足 6 个月的，自展期日起，按当日挂牌的 6 个月贷款利率计息；超过 6 个月的，自展期日起，按当日挂牌的 1 年期贷款利率计息。

第二节 个人创业贷款申请政策

个人创业贷款是指各银行为支持民营经济、私营企业、个体经营者的发展，遵循国家有关政策，推出面向个人、用于从事生产和经营活动资金需要的贷款，旨在帮助急需发展事业的个人尽早实现目标。它属于小额贷款的一种。

各地贷款申请流程各不相同，总的来说，都要经历以下 3 个步骤：

一、个人创业贷款申请资格

大学生创业贷款是国家给大学生提供的创业优惠措施，为支持大学生创业，国家各级政府出台了许多优惠政策，涉及融资、开业、税收、创业培训、创业指导等诸多方面。

自愿到西部地区及县以下的基层创业的高校毕业生，自筹资金不足时，也可向当地经办银行申请小额担保贷款；从事微利项目，可享受 50%的贴息支持。

为了能够合理利用这些政策给大学生创业者带来的便利，首先应该了解个人所应具备的素质。在申请贷款之前，要确保自己已经满足这些条件，可以免去申请时的诸多麻烦，提高申请的成功率。

下面将具体要求整理成如表 3—4 所示的表格，申请人可以根据该表与自身条件对比，尽早做好准备。另外需要注意的是，这几点要求必须同时满足、缺一不可。

表 3—4　　　　个人创业贷款申请资格要求

条目	具体要求
年龄	年满 18～38 周岁，具有合法有效身份证明的中国公民或青年创业企业，具有完全民事行为能力，没有违法行为
场所	在贷款地有常住户口和固定住所，企业创业项目需有营业场所
证件	持有工商行政管理机关核发的营业执照及相关行业的经营许可证，从事正当的生产经营活动，没有不良信用记录，有稳定的收入和还本付息的能力
资金	1. 借款人投资项目已有一定的自有资金 2. 贷款用途符合国家有关法律和本行信贷政策规定，不允许用于股本权益性投资

二、个人创业贷款申请程序与材料

(一) 申请程序

个人创业贷款申请程序如图 3—2 所示。

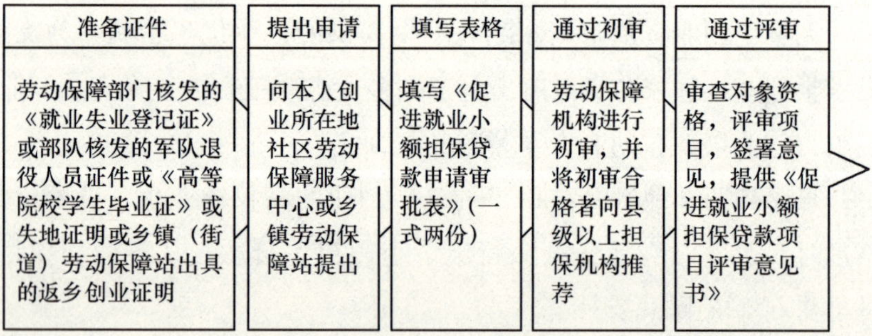

图 3—2　个人创业贷款申请程序

经过以上 5 个步骤之后，就可以去商业银行办理贷款。商业银行自收到贷款申请之日起，于 10 个工作日内完成贷款调查、审查手续，符合贷款条件的，及时发放贷款；不符合贷款条件的，及时反馈并说明原因。

对该过程的详细介绍，可以参见本系列丛书的其他分册。

（二）银行申请材料

在申请此类贷款时，有 3 点比较重要：

第一，贷款申请者必须有固定的住所或营业场所。

第二，有营业执照及经营许可证，有稳定的收入和还本付息的能力。

第三，最重要的是，创业者所投资项目已有一定的自有资金。

具备以上条件的方能向银行申请，申请时需要提供的资料主要包括婚姻状况证明、个人或家庭收入及财产状况等还款能力证明文件；贷款用途中的相关协议、合同；担保材料，涉及抵押品或质押品的权属凭证和清单，银行认可的评估部门出具的抵（质）押物估价报告。

除了书面材料以外还要有抵押物。抵押方式较多，可以是动产、不动产抵押，定期存单质押、有价证券质押、流通性较强的动产质押，符合要求的担保人担保。发放额度根据具体担保方式决定。

三、个人创业贷款金额与偿还方式

（一）贷款金额与期限

创业贷款金额要求：一般最高不超过借款人正常生产经营活动所需流动资金、购置（安装或修理）小型设备以及特许连锁经营所需资金总额的 70%。

期限一般为 2 年，最长不超过 3 年，其中生产经营性流动资金贷款期限最长为 1 年。

个人创业贷款执行中国人民银行颁布的期限贷款利率，可在规定的幅度范围内上下浮动。

（二）贷款偿还方式

1. 贷款期限在一年（含一年）以内的个人创业贷款，实行到期一次还本付息，利随本清。

2. 贷款期限在一年以上的个人创业贷款，贷款本息偿还方式可采用等额本息还款法或等额本金还款法，也可按双方商定的其他方式偿还。

相关优待政策要看当地政府对私营企业和个人创业的支持程度。

第三节 各地的创业贷款优惠政策

由于本书主要的服务对象是大学毕业生，因此本章着重介绍不同地区对大学生创业的贷款优惠政策。

一、大学生创业贷款优惠政策

(一) 国家对大学生创业贷款的政策规定

大学生创业贷款是国家给大学生提供的创业优惠措施，是团中央与国家开发联合推出中国青年创业小额项目，支持对象主要是全国 40 岁以下青年。青年创业小额贷款每人单笔额度一般在 10 万元以内，最多不超过 100 万元；青年创办的中小企业贷款单户额度一般在 500 万元以下，最多不超过 3 000 万元。贷款期限一般不超过 3 年。

针对大学生创业贷款，各国有商业银行、股份制银行、城市商业银行和有条件的城市信用社要为自主创业的毕业生提供小额贷款，并简化程序，提供开户和结算便利，贷款额度在 5 万元左右。贷款期限最长为两年，到期确定需延长的，可申请延期一次。贷款利息按照中国人民银行公布的贷款利率确定，担保最高限额为担保基金的5倍，期限与贷款期限相同。

(二) 大学生创业贷款要求

1. 大学生创业贷款申请者年满18周岁，具有合法有效身份证明和贷款行所在地合法居住证明，有固定的住所或营业场所。

2. 大学生创业贷款申请者持有工商行政管理机关核发的营业执照及相关行业的经营许可证，从事正当的生产经营活动，有稳定的收入和还本付息的能力。

3. 大学生创业贷款申请者投资项目已有一定的自有资金。

4. 大学生创业贷款用途符合国家有关法律和银行信贷政策规定，不允许用于股本权益性投资。

5. 在银行开立结算账户，营业收入经过银行结算。

(三) 大学生创业贷款申请资料

1. 大学生创业贷款申请者及配偶身份证件（包括居民身份证、户口簿或其他有效居住证原件）和婚姻状况证明。

2. 大学生创业贷款申请者个人或家庭收入及财产状况等还款能力证明文件。

3. 大学生创业贷款申请者营业执照及相关行业的经营许可证，贷款用途中的相关协议、合同或其他资料。

4. 大学生创业贷款申请者担保材料：抵押品或质押品的权属凭证和清单，有权处分人同意抵（质）押的证明，银行认可的评估部门出具的抵（质）押物估价所告。

(四) 大学生申请创业贷款途径

1. 直接向银行申请贷款，申请科技型中小企业贴息贷款和利用新的技术成果或知识产权、专利权进行担保贷款。但是因为银行在对个人申请贷款方面的审核非常严格，特别是注重申请贷款人的偿还能力，而大学生刚刚开始创业，在银行的贷款审核部门看来几乎不具备偿还能力，所以很难得到所需的贷款，建议大学生最好不要使用此种方式申请贷款。

2. 当地大学生就业指导委员会办公室可以办理创业小额贷款。

3. 当地团委青年创业指导委员会可以办理创业小额贷款。

二、各地个人创业贷款的政策

除了中央统一的政策法规之外，全国各地都有各自的优惠条件，吸引人才，鼓励大学毕业生自主创业。

部分省市创业贷款优惠政策见表 3—5。

表 3—5　　部分省市创业贷款优惠政策

地区	政　策
北京	从 2006 年 5 月起，除拥有北京《再就业优惠证》的人员外，持有北京户口的未就业大学毕业生想要从事个体经营或自主、合伙创办小企业自筹资金不足的，也可申请小额担保贷款 2009 年，原崇文区出台的政策规定，本区的创业者可以得到最高 50 万元的贷款，且由区财政进行贴息
上海	大学生创业“天使基金”最高 30 万元，大学生开办企业可获 5 万～30 万元支持。为了激发毕业生的创业激情，上海专门设立了大学生创业“天使基金”。“天使基金”将根据学生的申报计划，严格评估学生创业项目，然后确定实际支持金额。这笔资金将以股权形式投入到学生企业中，获利部分将成为创业者的利润，而一旦创业失败也无须学生还款
重庆	半年以上未就业，有固定户口的大学毕业生可在其户口所在地居委会登记，申请 3 000～4 000 元人民币的银行抵押和担保贷款
太原	太原市登记失业的高校毕业生，想自主创业的，可申请不超过 5 万元的小额担保贷款。各县（市、区）财政部门可委托指定担保机构，为其提供担保，小额担保贷款基金运行中出现缺口，由各县（市、区）负责补足

续表

地区	政　　策
福建	自主创业的高校毕业生可享受小额担保贷款和其他形式小额贷款贴息政策，贴息贷款额度最高5万元，由财政按中国人民银行公布的同期贷款基准利率上浮3个百分点以内给予全额贴息。同时依托团省委，设立大学生自主创业担保基金，为需要担保的异地创业高校毕业生提供担保服务
青岛	青岛拨款1 000万元，设立“青岛市高校毕业生创业扶持资金”，扶持高校毕业生自主创业。高校毕业生自主创业的可申请小额担保贷款，贷款额度最高不超过5万元。对从事微利项目的，由同级财政据实全额贴息；两人及以上团队创业的可放宽到20万元
南京	中国人民银行南京分行针对外地户籍在宁创业的高校毕业生，首推外地“大学生自主创业贷款”业务。“大学生自主创业贷款”业务的贷款对象是非本市户籍高校毕业生，这部分人群户籍不在南京，家庭主要成员也不在南京，不能提供第三人反担保，信贷风险相对较大，针对这一难题，有关部门不拘泥于现有政策限制，创新担保模式，以诚信作为底线最大限度放宽了反担保条件
河北	省人力资源和社会保障厅下发《关于开展“高校毕业生创业导航行动”的通知》，降低小额担保贷款门槛，使更多有创业意愿的高校毕业生享受到政策扶持。2009年9月15日至12月底，河北将开展“高校毕业生创业导航行动”，6项措施助力毕业生创业。择业期内未就业的、具有创业意愿的、河北籍的普通高校毕业生，均可享受优惠政策。年底前，河北省3万名高校毕业生将获系列创业服务，5 000名自主创业高校毕业生可获扶持，2.5万人将被带动就业。河北省劳动保障部门将协调财政、银行等部门，降低小额担保贷款门槛，使更多有创业意愿的毕业生享受到政策扶持。年底前，河北为高校毕业生中的创业者发放小额担保贷款1亿元

续表

地区	政　策
长沙	大学生自主创业，可到户口所在地社区劳动保障管理服务中心申请最高5万元的小额担保贷款。大学生合伙经营或组织起来就业并具备一定自有资金和相应反担保条件的，可按其吸纳人员人均5万元以内的额度给予担保贷款，最高为50万元。大学生创业项目可以申请无偿资助，由相关部门审批，每个项目一般在20万元以内，且不超过企业自有资金的投入额度。首期拨付审批总额的60%，其余部分在首期资助资金通过考核审计后即予拨付。对申请财政贷款贴息的，经审核贴息期限一般不超过两年，年贴息总额度最多可达到10万元。同时，各区（县市）要成立小额贷款担保机构，市财政根据各区（县市）政府担保资金规模2∶1予以补助。鼓励社会贷款担保机构支持大学生自主创业，市、区（县市）两级财政通过适当补贴的方式帮助其降低经营风险。长沙市对大学生自主创办的新兴项目，根据企业规模可给予最高为200万元的小额担保贷款扶持。贷款期限最长为两年，由同级财政部门按贷款基准利率的50%给予贴息。大学生自主创业的科技项目获得上级资助资金的，由市、区（县市）科技部门分别给予上级资助金额30%、20%配套，配套资金不低于5万元；对获得上级部门立项的项目或创新成果但未获得资金支持的，给予5万～10万元不等的一次性资助
广东	为支持年轻人创业，广东农村青年创业小额贷款项目在广州、佛山、东莞等9市推开。年收入低于1 500元的困难青年可直接向当地扶贫办申请创业贴息贷款。另外，团省委城市青年部部长王晓亮表示，团省委还将与省邮政储蓄银行共同实施“广东青年创业小额贷款项目”，为全省121个县（市、区）的1 000个优秀青年和团队及1 000个优质创业贷款项目发放超过2亿元小额贷款扶持 广州市政府对大学生创业给予5万元贷款，部分申请人提供相关证明还可以获得全免息贷款优惠。持有《广州生源高校毕业生公共就业服务卡》的学子，在毕业两年内自主创业或合伙创业，自筹资金不足的，均可申请小额贷款。贷款额度一般不超过2万元，贷款年限最长不超过两年
福建	团省委联合交通银行福建省分行推广青年卡及开展青年创业小额贷款。准备创业的大学生去交通银行办理青年卡，可向有关单位申请小额贷款。青年卡（联名借记卡）为全省性的联名卡，贷款对象为在交通银行福建省分行服务范围内创业，且符合相关条件的应届大学毕业生、毕业3年（含）以内的往届大学毕业生和年龄在18～40周岁的其他社会创业青年。申请贷款人应是当地户口或在当地居住满1年，申请商户贷款的必须有工商营业执照，从事的经营项目有固定的经营场所，正常经营3个月以上，符合国家产业政策。如果大学生想申请青年创业小额贷款，单笔额度最多可达5万元。贷款期限为1～24个月

续表

地区	政　策
徐州	从市财政中拨出 6 000 万元设立全民创业贷款担保基金，以帮助解决中小企业和创业个人面临的融资难题。全民创业贷款担保基金由徐州市财政全额出资，基金担保的贷款额可达基金规模的 5 倍，6 000 万元的担保基金贷款总额最高可达 3 亿元。基金承担的担保责任为贷款人贷款本金的 90%，贷款利率执行人民银行公布的同期基准利率
武汉	武汉创业贷款条件放宽最高可贷 100 万元：有武汉市常住户籍（含本市远城区户口），从事个体经营或合伙创办企业，并依法取得本市工商执照，且所创办经济实体地址在本市范围内的大中专毕业生均可申请。根据规定，小额担保贷款原则上不超过 5 万元/人，合伙创办企业最高不超过 15 万元。贷款期限为两年，可延期一年。贷款利息由财政全额补贴。申请小企业贷款的，可贷额度最高不超过 100 万元，贷款期限为 2 年，可展期一年。贷款利息由财政补贴 50%
兰州	为了进一步加大对青年就业创业的帮扶力度，鼓励青年学子以自主创业促进就业，兰州市政府于 2009 年为有创业意愿的登记就业失业大学生提供 5 万元小额贷款支持，而对于选择从事微利行业创业的大学生，市政府对其给予贴息支持
济宁	为进一步促进女大学生创业就业，山东省济宁市妇联结合实际开展工作，采取成立巾帼创业导师团、创建女大学生创业实践基地、资金支持等方式，促进女大学生创业就业。市妇联联合省农村信用社联合社开展“信贷助推妇女创业行动”，设立 5 000 万元的信贷助推资金
昆明	对创业青年“贷免扶补”。截至 2009 年 8 月 4 日，昆明市 14 个县市区共青团组织通过推进创业“贷免扶补”工作，已扶持青年创业项目 253 个，累计发放贷款 1 267 万元，举办创业培训会 67 场，培训有意向的创业青年 3 000 余人

【延伸阅读】

本章涉及的主要法律法规及相关政策

❑《中华人民共和国劳动合同法》

❑《中华人民共和国就业促进法》

- 《中华人民共和国公司法》
- 《中华人民共和国工会法》
- 政府创业政策指南
- 国务院办公厅关于加强普通高等学校毕业生就业工作的通知
- 教育部办公厅关于当前做好高校困难毕业生就业帮扶工作的通知
- 大学生创业贷款优惠政策及申请要求

主要相关网站

中国青年创业网	http://www.chinajc.com
全国创业项目网	http://www.nfchina114.com
中国大学生创业政策网	http://www.zdcy8.cn/

第四节 经常问到的问题（frequently asked questions，FAQ）

1. 申请小额担保贷款对所从事的行业有何限制？

答：开办个体工商户经营建筑业、娱乐业、广告业、桑拿、按摩、网吧、氧吧的不得申请小额担保贷款。自主、合伙创办小企业从事建筑业、娱乐业、广告业、桑拿、按摩、网吧、氧吧和批发、批发零售兼营以及其他非零售业务的商贸企业不得申请小额担保贷款。

2. 开办个体工商户的个体经营者可以申请的贷款额度是多少？

答：个体工商户可以申请小额担保贷款的额度不超过5万元。

3. 自主、合伙创办的小企业可以申请的贷款额度是多少？

答：自主、合伙创办的小企业可以申请小额担保贷款的额度一般为20万元；或根据该企业的经营项目和安置本市城镇失业人员人数，按人均不超过5万元提供担保，最高不超过50万元。

4. 办理申请贷款手续需要多长时间?

答：小额担保贷款受理机构自收到贷款申请及符合条件的资料之日起，应在12个工作日内给予申请人正式答复。

5. 享受的小额担保贷款到期后不能按期还款怎么办?

答：对贷款到期未及时归还的，或经宣布贷款提前到期的小额担保贷款项目，经办银行向借款人发出逾期贷款催收通知书，并在贷款期限届满或银行宣布贷款提前到期之日起15个工作日内对借款人进行贷款追索。

追索期结束后，借款人仍未偿付贷款本息的，由担保基金管理机构向经办银行先行代偿，代偿内容限于尚未清偿的贷款本金。

担保机构或经办银行对小额担保贷款代偿后，可依法对借款人行使追偿权。追偿措施包括：

(1) 督促借款人拟订还款计划，尽快收回贷款。

(2) 依法处置贷款抵押（质押）物。

(3) 对恶意逃避担保债务的依法提起诉讼。

借款人将承担担保机构通过法律程序收回贷款及利息所产生的一切费用。

案例：大学毕业生利用政策便利融资创业

刘斌是2006届本科毕业生，毕业后在北京从事广告设计。随着国家对大学生自主创业鼓励政策的不断深入，刘斌越发觉得国家给大学生提供了优越的平台，要好好利用这个时机，开发自己的潜能，为社会作出更大的贡献。刘斌所在的公司2008年11

月挂牌成立，总部位于北京，刘斌是天津分公司的代表人。

一开始摆在刘斌面前最大的问题就是资金问题，没有一定的运作资金，根本无法取得第一桶金。所以他决定参加创业培训，一方面可以进一步了解创业所必须了解的相关知识；另一方面可以申请到一笔国家贴息的小额贷款，这对创业先期是一个极大的支持。另外，刘斌还享受到了 3 年之内免税的政策保护，这也给他减小了不少压力。创业培训后刘斌申请到了先期 2 万元的小额国家贴息贷款，并投入到公司的宣传及网站的建设中。

创业家点评

针对大学生创业初期资金难的问题，国务院的通知明确要求，在当地公共就业服务机构登记失业的自主创业高校毕业生，自筹资金不足的，可申请不超过 5 万元的小额担保贷款；对合伙经营和组织起来就业的，可按规定适当扩大贷款规模；从事当地政府规定微利项目的，可按规定享受贴息扶持。

本章小结

创业信贷优惠	
申请个人贷款的步骤	
申请个人贷款的条件	
不同地区的优惠政策	

第四章

创业培训及其他优惠政策

学习目标：

通过本章的学习，将能够了解：

创业培训的实施模式

国家创业示范基地

创业培训的优惠政策

各地创业优惠政策

第一节 创业培训

创业培训是对具有创业愿望和相应条件的人员所进行的开办小企业或自谋职业所必备的基础知识和必备能力的培训。是近年来培训工作在促进就业再就业过程中逐步探索并发展起来的一种新的培训形式。

一、创业培训的对象、目的和意义

（一）创业培训的对象

创业培训的对象可以是下岗失业人员，也可以是院校毕业生，农村准备向非农产业转移的人员或返乡创业人员。只要有创业愿望和一定的创业能力，都可以申请参加开办企业的培训。有条件的地方，也可对已经是企业主，但需要提高经营能力的人员进行培训。

培训后实现创业分为创办企业和自谋职业两种形式。前者要在工商部门办理私营企业注册登记；后者是指在工商部门办理个体营业执照或在社区举办非正规就业组织。

（二）创业培训的目的

1. 通过创业培训，培养、提高“创业者”的心理、管理、经营素质，增强其驾驭市场的应变能力。对下岗失业人员中的“创业者”实施心理、管理、经营素质的培训，帮助下岗失业人员转变就业观念，树立创业的自信心。同时对他们实施市场分析能力、市场竞争意识、组织管理能力的培训，增强他们驾驭市场的应变能力，造就一批成功的创业者。

2. 通过创业培训，实现就业倍增效应。部分下岗失业人员通过创业培训成为创业者，开办了新企业或实体，在解决创业者本人就业问题的同时，也为社会创造了一批就业岗位，能帮助更多的下岗失业人员实现再就业，实现就业倍增效应。

3. 通过创业培训，推动非公有制经济进一步健康发展。对创业者进行培训，使这支新生的创业者队伍了解、掌握国家的有关经济法规，学习工商、税务、金融、科技、管理、劳动等方面的专业知识，帮助他们选准经营方向，减少经营投资的盲目性，从而提高创业的成功率，促进我国非公有制经济的健康发展。

（三）创业培训的意义

1. 创业培训是促进下岗失业人员再就业的一条有效途径。

2. 创业培训是促进社区服务业和小企业就业的一项新举措。

3. 创业培训是职业培训深化改革、加快发展的重要内容，是培训与就业最直接的结合点。

二、创业培训的实施模式

从全国情况看，创业培训主要有以下几种模式：

1. SYB 培训模式。这是国际劳工组织针对培养微（小）型企业创办者的需要而专门开发的一个培训项目，在世界 80 多个国家推广。SYB 培训技术于 2001 年由劳动保障部与国际劳工组织共同实施的试点项目引入中国，现已在 50 多个城市实施。

2. 三段式培训模式。将整个创业培训过程分为理论学习阶段、咨询辅导阶段和后续扶持阶段。在理论学习阶段，主要进行创业意识、创业基础知识和有关经济法规教育；在咨询辅导阶段，由咨询委员会专家或培训机构教师对学员制定的《创业计划书》进行分类指导和咨询，帮助学员确定有发展前景、符合市场需求的创业项目，修改和完善《创业计划书》。第一阶段、第二阶段培训时间一般为 3～6 个月。在后续辅导阶段，主要针对学员在实际创业过程中遇到的问题，提供咨询和服务，包括为学员在办理档案存放、开业登记、缴纳社会保险、调整营销策略、申请贷款提供帮助等，这一阶段视实际情况时间可长可短。

3. 各地自创模式。各地结合实际需要，开发教学计划组织实施创业培训。

4. 远程创业培训模式。

尽管上述几种创业培训模式在培训内容和方式上各有特点和侧重，但是有一个共性，即都是将创业培训与开业指导、小额贷款等有关活动有机结合，为创业者提供全方位的服务。

三、国家创业示范基地建设

为探索提高创业成功率的有效途径，2003 年，劳动保障部依托北京、天津、鞍山、苏州、南昌、宜昌、青岛、长沙、成都、乌鲁木齐 10 个城市建立一批国家创业示范基地，探索将开展创业培训与落实下岗失业人员再就业优惠政策整体联动促进创业的工作模式。

具体地说，就是调动社会各方面资源优势，以落实优惠政策、促进创业活动为中心，积极构建培训、咨询、指导、服务工作平台，培育集项目开发、专家指导、创业培训、融资服务有机结合，整体促进创业活动的工作模式，为包括下岗失业人员在内的各类有创业愿望的人员提供一揽子创业支持、服务和帮助。国家创业示范基地的工作任务是：每年培训 2 000 名下岗失业人员，培训合格率达到 80%以上，成功创业率达到 60%以上，平均每创办一个企业，带动 3 个以上就业岗位，充分发挥创业培训促进就业的倍增效应。

国家创业示范基地包含 8 个功能模块：开展政策宣传、实施创业培训、开发创业项目、提供开业指导、解决创业场地、落实小额贷款、落实税费减免政策、加强跟踪服务。通过这 8 个模块的有机结合与整体运作，促使创业成功率有明显提高。

1. 开展政策宣传。

2. 组织实施培训。至少包括 4 个环节：

（1）招收并筛选学员。

（2）组建师资队伍。

（3）开发和选用适用的培训教材。

（4）确定培训内容。

3. 开发创业项目。

4. 提供开业指导。

5. 解决创业场地。

6. 落实小额贷款。

7. 落实税费减免。

8. 加强跟踪服务。

促进创业培训发展的政策措施

1. 建立工作机构（包括领导机构和咨询机构）。

2. 做好计划。

3. 宣传动员。

4. 落实资金。

5. 制定和落实优惠政策。

（1）对下岗失业人员从事个体经营的税费减免政策。

（2）对下岗失业人员创业启动资金提供小额贷款担保。

（3）对下岗失业人员创业在开业审批、场地安排等方面的扶持。

（4）对准备创业的下岗失业人员提供免费的创业培训。

6. 科学评估创业效果。

四、创业培训优惠政策

案例：创业培训由政府“埋单”

有了创业的想法后，龚强仿佛一下子有了奋斗目标，干劲十足。可真正辞职开始筹备，他发现创业其实并不是想象得那么简单。初次创业的资金有了，可很多问题他不知道，比如说注册一个私营独资企业，大约要多长时间和多少钱？场地选在哪里比较合适？

为此，龚强四处向人请教和咨询，虽然得到了很多热心人的帮助，但感觉都不够专业和系统。一次偶然的机会，得知区开办的就业指导中心有免费的创业培训课程，他立即报名参加了学习，并从中得到了帮助。

2010 年我国登记求职的高校毕业生，可获得中短期（1～6 个月）实用技能培训和不少于 10 天的创业培训。人力资源和社会保障部、国家发改委、财政部公布了《关于进一步实施特别职业培训计划的通知》，通知强调我国将全面推进创业培训。重点对有创业愿望并具备一定创业条件的登记失业人员、进城求职农村劳动者及返乡农民工、登记求职的高校毕业生，开展不少于 10 天的创业培训。要结合当地产业发展和创业项目，根据不同对象的特点，因材施教，增强创业培训的实效性，并注重创业培训与小额担保贷款、税费减免等扶持政策的衔接，着力提高创业成功率和稳定经营率。此外，各地还要积极开展中短期实用技能培训。对登记失业人员、进城求职农村劳动者、登记求职的高校毕业生，要结合企业的实际需要和劳动者就业要求，积极开展中短期（1～6 个月）实用技能培训。各地人力资源和社会保障部门要结合农村转移劳动者向城市非农产业转移和有组织的劳务输出需求，结合失业人员和高校毕业生特点以及就业需求，充分发挥基层劳动保障工作平台的组织作用，依托定点培训机构开展订单式培训，突出培训的针对性和有效性。对未能继续升学的农村初高中毕业生（即“两后生”），各地需鼓励其参加 6～12 个月的劳动预备制培训，提升技能水平和就业能力。

第二节　关于创业的其他优惠政策

一、南京市：新企初犯劳动法规“三不罚”

南京市劳动和社会保障局出台新规定：新企业成立 1 年内首次违反劳动法规，如符合 3 种情况，可享受不给予罚款处罚的政策，劳动保障监察时采取“初犯不罚、轻犯不罚和整改到位不罚”的原则。此次南京市出台的《关于当前涉企劳动保障行政执法“三不罚”的实施意见》（以下简称《实施意见》）对“初犯”“轻犯”作出了进一步解释。《实施意见》规定，3种情况属于初犯，不给予罚款处罚：新建企业领取营业执照30日内没有办理社会保险登记，但在60日内补办的；新建企业成立1年内首次违反劳动保障法律法规行为的；劳动保障诚信企业，其违法行为发生至立案不超过6个月的。

根据南京市的有关规定，情节轻微的劳动保障案件，企业违法行为涉及劳动者20人以下，且未超过劳动者总数10%的，可视为"轻犯"，不给予罚款处罚。《实施意见》列举了5种情况属于"情节轻微"：企业违法延长劳动者工作时间，但人均每月不超过8小时；企业违法收取劳动者财物，涉案金额人均200元以下，且总额不超过2 000元；企业克扣或拖欠工资，但涉案金额人均500元以下，且总额不超过5 000元；企业应当依法支付两倍工资而未支付的，涉案金额人均1 000元以下，且总额不超过10 000元；企业在申报社会保险费缴费数额时瞒报工资总额的，瞒报数额不超过应报数额10%。

另外，企业已主动或按照《限期改正指令书》要求纠正违规行为的，可视为"整改到位"，不给予罚款处罚。但如果企业有非法使用童工、违反女职工或未成年工保护规定、严重损害劳动者社会保险权益、拒不接受劳动保障监察、暴力抗法等情形之一的，将无法享受"三不罚"政策。

二、天津市：在校大学生可利用大学生公寓自主创业

天津将放宽企业名称、经营范围和场所限制。在校或毕业两年内的大学生可以利用大学生公寓自主创业，从事软件设计、动漫设计等行业。

天津市政府常务会议上原则审议通过了《关于促进当前经济发展的30条措施》。根据这些措施，天津将放宽企业名称、经营范围和场所限制。

天津将做好不冠行政区划企业名称变更受理权试点，积极支持注册资本 5 000 万元以上的企业申请使用不冠行政区划企业名称。

天津还将允许在校或毕业两年内的大学生利用大学生公寓自主创业，从事软件设计、动漫设计、服装设计、装饰设计等行业；允许利用临时性闲置场地、临时空地开办早市、夜市等临时性市场。

外来人员在津创业的，上年度纳税额达到 30 万元以上或吸纳就业达到一定数量，本人及其配偶和未成年子女可在津落户。

三、陕西省：高校毕业生可免费参加 SYB 创业培训

有创业意愿的高校毕业生可免费参加 SYB（“创办你的企业”英文单词首写字母）创业培训，培训期满合格后，凭创业培训结业证书可进入小额担保贷款程序。

SYB 创业培训是为有志创办企业的大学生创业者提供创办企业、管理企业系统知识的培训。SYB 创业培训的内容包括财务、管理、法律、工商税务基本条款和办理流程等。

有创业意愿的大学生可持毕业证、身份证、失业证（或待业证，到户口所在地人力资源和社会保障部门开具），到省人才中心创业部报名，经审核后分班授课，课时为 15 天。学员在培训期满后提交创业计划书，并参加结业考试。取得创业培训结业证的学员可进入小额担保贷款程序，个人担保贷款额为 3 万～8 万元，团队担保贷款额最高不超过 50 万元。

近两年陕西省 SYB 创业培训共接收培训学员 50 名，部分学员已从户口所在地政府成功申请到小额担保贷款。

四、湖南省：高校毕业生就业援助政策出台；安排 30 万见习岗位

湖南省的高校毕业生就业援助政策措施：凡是湖南省内的普通

高校、湖南籍的毕业生，或者是户口档案已经迁回湖南的、湖南生源的普通高校毕业的没有就业的待业人员都是援助的对象。具体援助政策有：

1. 通过一对一的就业指导，向用人单位重点推荐一些公益性岗位，这种帮扶措施帮助离校后未就业的高校毕业生就业，并按照规定落实公益性岗位的补贴，还有社会保险补贴等就业援助政策。

2. 免费为离校后没有就业的高校就业生提供咨询、职业指导、职业介绍和档案托管等服务，优先安排这些毕业生参加就业见习，职业技能培训等服务，安排 30 万的毕业生进行就业见习，目前 30 万的见习计划已经分给各个地方。

3. 对离校后经过援助还是没有就业的学生，通过公益性岗位进行过渡性安置，这个过程中会给予相应的岗位补贴和社会保险补贴的政策。

五、重庆市：出台激励政策支持“草根”创业

重庆市出台了一套激励当地微型企业发展的政策，在全国率先启动了促进微型企业发展的扶持工作，其核心是通过财政、税收等措施等额补偿投资人。

根据重庆市政府第 73 次常务会议审议通过的《重庆市人民政府关于大力发展微型企业的若干意见》，重庆市将对雇员（含投资者）20 人以下、创业者投资金额 10 万元及以下的微型企业依据“投资者出一点、财政补一点、税收返一点、金融机构贷一点”的“1＋3”模式进行扶持。

同时，当地政府指定专门的担保机构对发展前景好、扩张能力强、符合国家及该市产业导向的微型企业提供免费担保，承贷金融机构则按照担保基金与贷款余额 1∶3～1∶5 的比例向微型企业发放

小额担保贷款。

重庆市计划在2010年将在主城区和部分区县先行试点，待取得经验后，自2011年起在全市范围内推行。预计每年新增微型企业2万户，新增就业10万人以上；计划5年扶持微型企业10万户、吸纳就业50万人以上。同时孵化一批具有稳定成长前景的中小企业乃至大型企业，培育一批具有创业经验和较强经营能力的企业家队伍。

此次市工商局针对微型企业出台的利好政策，被称为“一拖三”政策：个人投资5万元，财政补贴5万元，税收减免5万元，银行优惠贷款10万元，即5万元投资可换回15万元资金和5万元的税收减免。

这一政策没有就资本的属性、投资人的身份及原居住地以及在渝投资的领域做限制。重庆市将初期投资在10万元以下的企业定义为“微型企业”，俗称“草根”创业。

六、上海市：市人力资源和社会保障部门扶持大学生创新创业政策

根据上海市委、市政府有关规定，为进一步支持大学生创新创业，营造鼓励大学生创新创业的社会氛围，上海市人事局特制定扶持政策如下：

1. 上海人才发展资金向创新创业大学生开放

按照上海市人才发展资金管理办法，结合大学生创新创业的特色，设立大学生创新创业资助资金。资助额度5万～20万元人民币。

2. 人才评价服务向创新创业大学生开放

本市各类专业技术职称评审、专业技术考试、职业资格考试和专业技术水平认证向创新创业大学生开放。符合条件的人员，可以通过本市各人才服务窗口、考试报名点或在网上报名参加相应的考

试、评审等。

3. 办理人才居住证提供政策倾斜

按照《引进人才实行上海市居住证制度暂行规定》等有关文件精神，为创新创业大学生办理人才类《上海市居住证》提供政策倾斜。大学生创新创业企业的创办人员可以办理《上海市居住证》；大学生创新创业企业中参与高新技术成果转化项目的人员可以参照高新技术成果转化项目人才的相关政策，办理《上海市居住证》；大学生创新创业企业为本单位申请引进人才申办《上海市居住证》时，可不受企业注册资金的限制。

4. 开辟大学生创新创业人才服务绿色通道

上海市人才服务中心设立专门服务窗口，对享受创新创业资金资助企业、对大学生创新创业优秀人才和团队实行免费服务：

（1）免费提供两年应届大学生创业企业员工人事档案委托管理、人事证明出具服务。

（2）免费建立员工诚信档案。

（3）免费提供政府人事行政部门相关政策规定以及操作咨询。

（4）免费提供急需人才信息。

（5）免费提供为大学生创业企业度身定制的有关创业政策、创业资金申请、资金使用、营销技巧、员工管理等的培训服务。建立长效服务机制，对享受建立长效服务机制，对享受创新创业资金资助企业人才、对大学生创新创业优秀人才和团队进行跟踪服务。强化人事专员服务机制，实施 24 小时人事、人才服务响应制度。急事急办，实施优质贴身、保姆式服务，为大学生创新创业企业和人才保驾护航。

服务窗口：上海高新技术人才创业中心

地址：中国上海北京东路 668 号西楼 9 楼 D 座

七、成都市：高校将全面开设创业培训课程

成都市教育局、共青团成都市委联合举办的KAB（know about business）创业教育（中国）项目师资培训班开班。教师培训完成后，学校就将开设学生创业培训课程。

KAB项目是团中央、全国青联与国际劳工组织合作，自2005年8月起在中国大学中开展的创业教育（中国）项目。目前，KAB创业教育已经在全球30多个国家开展。成都市已确定，在全市高校推广以KAB创业教育为主的创业教育项目，力图对大学生就业观念进行科学指导，培养和提高大学生的创业、就业能力。

八、杭州市：关于创业者的落户政策

在杭自主创办企业且符合杭州市产业发展导向要求的高校毕业生可以申请落户杭州。具体需要提供材料有：（1）毕业证书原件及复印件；（2）户籍证明或户口迁移证（迁往地址为杭州市）；（3）工商登记的营业执照原件及复印件；（4）税务登记证明原件及复印件；（5）同意落户证明。

【延伸阅读】

北京市创业培训工作实施细则

总则

第一条 为促进本市创业培训工作深入开展，提高创业培训质量，根据《国务院办公厅转发人力资源和社会保障部等部门关于促进以创业带动就业工作指导意见的通知》（国办发［2008］111号）

和《市人力资源和社会保障局关于印发〈北京市职业培训补贴管理办法〉的通知》（京人社办发［2009］5号）的要求，结合本市创业培训工作实际，制定本实施细则。

第二条 本实施细则所称创业培训机构是指经认定为本市城镇登记失业人员和农村转移就业劳动力提供创业培训和服务并享受创业培训补贴的机构。

第三条 北京市劳动服务管理中心（以下简称市劳服管理中心）负责全市创业培训的教学管理、专家和师资队伍建设、培训质量评估等业务指导工作。

第二章 创业培训技术标准

第四条 创业培训的报名与登记

（一）申请参加创业培训的人员到经认定的创业培训机构报名登记，需提供个人身份证和其他有效证件（交存复印件），近期一寸免冠照片2张，填写《创业培训报名表》（表1）。

（二）培训机构将报名人员填写的《创业培训报名表》信息录入“劳动力市场信息职业技能培训子系统”（以下简称《培训子系统》）并进行检索。

（三）培训机构委派两名以上创业培训教师对报名人员进行面试筛选，与具有创业愿望和一定创业能力的人员签订培训协议并组班，按每班不得超过30人的要求填写《北京市创业培训报名花名册》（表2）、《创业培训开班申请表》（表3），并加盖培训机构公章，同时在《培训子系统》上完成相应操作。

（四）培训机构于计划开班前7个工作日内将《创业培训开班申请表》《北京市创业培训报名花名册》一式两份报所属区县劳动保障局。

（五）区县劳动保障局应在2个工作日内对上述材料进行确认，

一份报市劳服管理中心，另一份留存。

第五条　北京市创业培训由创业能力培训和后续服务两部分组成。

（一）创业能力培训

1. 培训机构按照创业培训要求在开班前组织学员进行创业能力测评，承担培训任务的教师根据测评结果拟订教学计划，并将测评结果反馈给学员。

2. 培训机构应于创业能力测评后，按照《创业培训开班申请表》的日程正式开班；每班次应由两名以上创业培训教师根据创业培训教学大纲的要求组织学员培训，培训时间不得少于90学时。

3. 每班次创业能力培训结束前，培训教师要对学员开展“一对一”的指导，使其能够独立完成《创业计划书》。

4. 每期能力培训结束后，培训机构将加盖培训机构公章的《创业计划书》报送市劳服管理中心，市劳服管理中心在10个工作日内组织专家或专业机构对《创业计划书》进行评审，经评审后的《创业计划书》由培训机构存档。

5. 未通过评审的培训学员要求对《创业计划书》复审的，应向培训机构提出书面申请，由培训机构通过区县劳动保障局向市劳服管理中心申报。

6. 市劳服管理中心在收到复审申请后，应组织专家进行复审，并在5个工作日内将复审结果通知区县劳动保障局。未通过复审的，应重新制定《创业计划书》。

7. 市劳服管理中心根据《创业计划书》评审结果，在3个工作日内制作合格证书，并及时通知培训机构领取证书及《创业培训证书管理表》（表4）。

8. 培训机构负责向学员发放《创业培训合格证书》，并将证书信息录入《培训子系统》，完成班级结业。培训机构将《创业培训证书管理表》报区县劳动保障局签章，并存档。

（二）后续服务

1. 创业培训机构在创业能力培训后应为学员提供后续服务，满足学员创业见习、创业实训和开业指导等方面的需求。

2. 培训机构可采用创业见习＋跟踪指导、创业实训＋跟踪指导两种服务形式开展后续服务。培训机构也可采用其他形式开展后续服务，但必须将后续服务实施方案报市劳服管理中心审核，经批准后方可作为后续服务的有效形式。

3. 培训机构安排学员创业见习不得少于48学时，见习结束后，由见习企业出具《创业见习报告》(表5)。

4. 培训机构安排参加创业实训不得少于48学时，实训机构应指导学员完成《商业计划书》并进行审核，审核合格后向学员颁发《创业实训学员培训合格证》。

5. 承担创业见习的企业要具备能够保障见习人员在见习岗位人身安全的条件，并能够为学员提供企业运营全过程的见习指导；开展创业实训的机构应具备实训所需的场地和设备，指导实训的教师须持有全国创业培训工作指导委员会创业实训项目专家办公室颁发的《创业实训教师证书》。

6. 创业见习或创业实训结束后，培训机构应根据实际情况选择多种服务方式继续对学员进行不少于6次的跟踪指导，掌握学员创业、就业的进展情况，并填写创业跟踪服务记录表（表6)。

第六条　培训机构要指定专人做好对学员的服务记录，保证服务质量；区县劳动保障局应对本辖区内后续服务的服务质量予以监督；市劳服管理中心对全市后续服务的服务质量进行检查和督导。

第七条　符合以下条件之一的可认定为创业成功：

（一）学员培训后取得营业执照即学员营业执照的注册日期在培训班结束日期之后，可认定其创业成功。

（二）学员在培训期间领取营业执照即学员营业执照的注册日期在报名培训日期与培训结束日期之间的，经区县劳动保障局培训主管部门根据培训机构提供的学员《创业培训报名表》和《培训子系统》等资料及学员本人核实，并出具书面证明，证明材料由市劳服管理中心认可后，可认定其创业成功。

（三）学员在农村从事合作社组织创业的，可提供合作社组织的工商营业执照，并由培训机构提供学员参加创业培训后才加入其合作社组织的证明材料（如合作社员证等）。经区县劳动保障局培训主管部门核实，并出具书面证明，证明材料由市劳服管理中心认可后，可认定其创业成功。

第三章　创业培训教师资格认定及管理

第八条　创业培训教师申报条件：

身体健康，热爱创业培训工作，认真履行创业培训教师的职责，遵守职业道德，能够胜任创业培训教学任务，并符合下列条件之一：

（一）具有大学本科以上学历或中级以上专业技术职称。

（二）具有两年以上从事企业经营、市场营销的实践经验，或具备创业经历及创业咨询、创业培训、创业实习指导等经验。

第九条　创业培训教师的申请认定程序

市劳服管理中心制定创业培训教师队伍建设规划，根据实际需求组织开展面向社会的师资培训。参加创业培训教师资格培训的人员应提交以下报名材料：

（一）《北京市创业培训教师申请表》（表7）。

（二）身份证原件及复印件。

（三）学历证书或专业技术资格证书及其他证明材料原件和复

印件。

（四）本人近期一寸免冠证件照片2张。

市劳服管理中心根据报名情况，委托相关培训机构组织培训。经师资培训合格后，由市劳服管理中心颁发《北京市创业培训教师合格证书》。持有其他政府部门颁发的有关创业培训教师证书，需经市劳服管理中心认可备案后，方能从事北京市创业培训工作。

第十条 创业培训教师授课资格的取消程序

具有下列情形之一的，经核实后由市劳服管理中心取消创业培训任教资格：

（一）未按教学大纲授课的。

（二）年度内累计两个班次培训合格率低于80%的。

（三）在培训中弄虚作假的。

（四）年度内两次以上无故不参加市、区创业培训教研活动的。

第十一条 为提高创业培训教师的教学水平，市劳动服务管理中心每年定期组织创业培训教研活动，并建立全市创业培训教师档案。

第十二条 创业培训机构负责对在本校授课的创业培训教师的教学活动进行质量监控，建立本校专兼职创业培训教师档案，组织并安排本校创业培训教师参加创业培训教研活动。

第四章 创业培训机构的管理

第十三条 市劳服管理中心负责制定本市创业培训机构的认定评估标准，负责已认定的创业培训机构的业务指导和培训质量效果评估。

第十四条 区县劳动和社会保障局负责对本辖区创业培训机构的管理和培训质量督导。

第十五条 市劳服管理中心对创业培训机构实行动态评估与定

期评估相结合的评估制度。根据评估结果创业培训机构有以下情形之一的，依情节轻重，责令创业培训机构整改，或直接取消其创业培训资质：

（一）未按创业培训和服务标准组织创业培训教学、后续服务和开业指导的，未建立学员档案的。

（二）未开展创业培训、后续服务和开业指导活动的。

（三）未按创业培训和服务标准履行职责的。

（四）聘请无创业培训教师资质人员授课的。

（五）连续两年创业培训合格率低于80％的且创业成功率低于10％的。

（六）出租、转借、转让创业培训资质的。

（七）骗取或冒领创业培训补助经费的。

（八）违反国家或本市有关法律、法规、规定的。

第十六条　市劳服管理中心可根据本市创业培训工作整体规划和培训规模，对创业培训机构布局进行调整，并适时吸纳社会优质创业培训和服务资源参加我市创业培训工作。

第五章　创业培训档案管理

第十七条　创业培训档案是指创业培训活动中形成的具有保存价值的各种文字、图表、音像资料等信息记录。

第十八条　创业培训档案由教学档案、个人培训档案和管理档案三部分构成。创业培训机构负责创业培训档案的收集、整理、统计、保管、利用和销毁。

第十九条　区县劳动保障局负责对辖区内创业培训机构上报资料的归档、整理、汇总，并对创业培训机构档案工作进行检查、督导。

第二十条　市劳服管理中心负责对区县劳动保障局上报的汇总

资料进行归档、整理、汇总，并对区县创业培训档案工作进行抽查、督导。

第二十一条 创业培训归档文件资料内容

（一）教学档案

1. 有关教学管理、教学计划的文字资料和记录创业培训信息的各种音像资料；

2. 有关培训工作数据的《北京市创业培训报名花名册》《能力测试结果记录》《创业培训开班申请表》《创业培训证书编号表》。

（二）学员培训档案

学员报名资料、学员的《创业计划书》《见习报告》《商业计划书》、后续跟踪服务记录等信息。

（三）管理档案

1. 有关创业培训工作文件、批示及技术性资料；

2. 创业培训机构、创业专家、师资相关材料；

3. 年度工作计划、总结、请示报告等文字材料；

4. 创业培训补贴经费申请资料及相关报表；

5. 月报、季报、年报相关报表。

第二十二条 各培训机构按文件材料的自然形成规律加以系统整理，编排页号或文件号，填写立卷目录；按照信息类型，及时将信息录入《培训子系统》。归档文件一律用A4纸型建立，要求字迹清楚，装订整齐便于查询。

第二十三条 各项文件资料档案应按年度归档；当期创业培训有关材料应于培训结束一个月内归档，后续服务有关材料于服务结束后一个月内归档；档案保管期限按相关规定的要求保存。

第六章 附 则

第二十四条 本实施细则自发布之日起开始执行。2009年5月

1日后开始培训的班级可参照本实施细则执行。

第二十五条　本实施细则由市劳服管理中心负责解释。

注：文中表格略。

本章小结

创业培训	
对象	
目的	
意义	
实施模式	
培训基地	
优惠政策	

第五章 创业服务资源

学习目标：

通过本章的学习，将能够了解：

创业相关服务

可以利用的创业培训

第一节 创业场地

一、孵化器

孵化器（incubator），本义指人工孵化禽蛋的专门设备。后来引入经济领域，用于指一个集中的空间，能够在企业创办初期举步维艰时，提供研究、生产、经营的场地，通信、网络与办公等方面的共享设施，系统的培训和咨询，政策、融资、法律和市场推广等方面的支持，旨在对高新技术成果、科技型企业和创业企业进行孵化，以推动合作和交流，使创业者将发明和成果尽快形成商品进入市场，提供综合服务帮助新兴的中小企业成熟长大形成规模，降低创业企业的风险和成本，提高企业的成活率和成功率，最终使企业“做大”，为社会培养成功的企业和企业家。

全国各大城市均建立了孵化基地，为新创立的小企业提供成长的沃土。国家科学与发展委员会 2006 年提出了“关于印发《科技企业孵化器（高新技术创业服务中心）认定和管理办法》的通知”。通知中指出：

各省、自治区、直辖市、计划单列市科技厅（科委、科技局），新疆生产建设兵团科技局，各有关单位：

为落实《国家中长期科学和技术发展规划纲要（2006—2020年）》，全面推动科技企业孵化器的快速健康发展，进一步加强和规范科技企业孵化器的管理，根据《国务院关于实施〈国家中长期科学和技术发展规划纲要（2006—2020年）〉的若干配套政策的通知》（国发［2006］6号），科技部组织编制了《科技企业孵化器（高新技术创业服务中心）认定和管理办法》。现印发给你们，请结合本地区、本行业实际情况，做好落实工作。（原文及附件参见 http://www.gov.cn/ztzl/kjfzgh/content_883818.htm）

中关村国际孵化器有限公司是国内较知名的孵化器。其官方网站为 http://www.incubase.net/。

二、科技园区

国家级科技园区具体名录见表5—1。

表5—1　　国家级科技园区

北京	北京中关村科技园区
上海	上海张江高新技术产业开发区
天津	天津新技术产业园区
重庆	重庆高新技术产业开发区
江苏	（1）南京高新技术产业开发区 （2）苏州高新技术产业开发区 （3）无锡高新技术产业开发区 （4）徐州经济技术产业开发区 （5）常州高新技术产业开发区 （6）南通高新技术产业开发区 （7）连云港高新技术产业开发区

续表

江苏	(8) 昆山高新技术产业开发区 (9) 江阴高新技术产业开发区 (10) 武进高新技术产业开发区 (11) 宜兴经济技术产业开发区 (12) 泰州医药国家高新技术开发区 (13) 扬州经济技术产业开发区
山东	(1) 济南高新技术产业开发区 (2) 青岛高新技术产业开发区 (3) 淄博高新技术产业开发区 (4) 潍坊高新技术产业开发区 (5) 威海火炬高新技术产业开发区 (6) 枣庄高新技术产业开发区 (7) 济宁高新技术产业开发区 (8) 聊城高新技术产业开发区
广东	(1) 广州高新技术产业开发区 (2) 深圳高新技术产业开发区 (3) 珠海高新技术产业开发区 (4) 佛山高新技术产业开发区 (5) 惠州高新技术产业开发区 (6) 中山火炬高新技术开发区
浙江	(1) 杭州高新技术产业开发区 (2) 宁波高新技术产业开发区 (3) 温州高新技术产业开发区 (4) 绍兴高新技术产业开发区
辽宁	(1) 沈阳高新技术产业开发区 (2) 大连高新技术产业开发区 (3) 鞍山高新技术产业开发区
吉林	(1) 长春高新技术产业开发区 (2) 吉林高新技术产业开发区
黑龙江	(1) 哈尔滨高新技术产业开发区 (2) 大庆高新技术产业开发区

续表

河北	（1）石家庄高新技术产业开发区 （2）保定高新技术产业开发区
山西	太原高新技术产业开发区
内蒙古	呼和浩特高新技术产业开发区
安徽	合肥高新技术产业开发区
福建	（1）福州高新技术产业开发区 （2）厦门火炬高新技术产业开发区
江西	南昌高新技术产业开发区
河南	（1）郑州高新技术产业开发区 （2）洛阳高新技术产业开发区
湖北	（1）武汉东湖新技术开发区 （2）襄阳高新技术产业开发区
湖南	（1）长沙高新技术产业开发区 （2）株洲高新技术产业开发区
广西	（1）南宁高新技术产业开发区 （2）桂林高新技术产业开发区
海南	海口高新技术产业开发区
成都	（1）成都高新技术产业开发区 （2）绵阳高新技术产业开发区
云南	昆明高新技术产业开发区
贵州	贵阳高新技术产业开发区
陕西	（1）西安高新技术产业开发区 （2）宝鸡高新技术产业开发区 （3）杨凌农业高新技术产业示范区
甘肃	兰州高新技术产业开发区
新疆	乌鲁木齐高新技术产业开发区

（一）中关村科技园区

1. 概况简介

2009 年 3 月 13 日，国务院批复建设中关村国家自主创新示范区，要求把中关村建设成为具有全球影响力的科技创新中心。

中关村拥有以联想、方正为代表的高新技术企业近 2 万家，以北京大学、清华大学为代表的高等院校 39 所，以中国科学院和国家部委在京院所、民营研究院所 140 多家；拥有在校大学生 40 余万人，每年毕业生超过 10 万。拥有高素质创新创业人才超过百万，留学归国创业人员数量占全国的近 1/4；拥有国家级重点实验室 57 个，国家工程研究中心 26 个，国家工程技术研究中心 29 个；大学科技园 17 家，留学人员创业园 29 家，企业自发设立、自主管理、职业化运作的新型协会组织超过 30 家。

2. 试点政策

中关村国家自主创新示范区不断解放思想、改革创新，在机制体制方面开展了一系列先行先试工作（见图 5—1）。

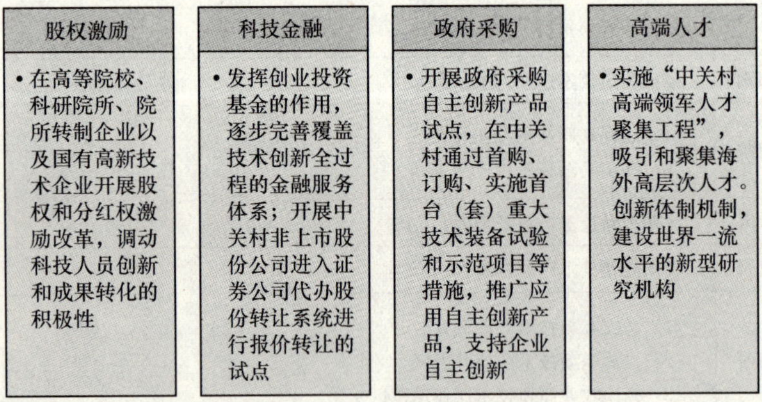

图 5—1 中关村科技园的先行试点工作

除了图 5—1 展示的几点，还有：

——知识产权：建设中关村国家知识产权制度示范园区，建设中关村国家高新技术产业标准化示范区，实施“专利引擎”计划。

——企业信用：开展科技型企业信用体系建设试点。

——产学研用结合：实施中关村开放实验室工程，发展产业技术创新战略联盟，深化行政审批制度改革。

——政府服务：实现便捷、高效的政府“一站式”办公、“一网式”审批和“全程办事代理制”。

——工商管理：在企业登记、商标战略、信用体系建设、市场管理等方面开展改革试点。

——社会组织管理：开展社会组织改革创新试点，发展以企业为主体，市场化、职业化的协会组织。

3. 区域分布

中关村科技园由“十园”组成，分别是海淀园、丰台园、昌平园、电子城科技园、亦庄科技园、德胜园、雍和园、石景山园、通州园、大兴生物医药基地。

4. 中关村中小企业技术创新基金配套资金

为鼓励中关村科技园区高新技术企业的创新和创业活动，落实科技部科技型中小企业创新基金无偿资助项目地方配套50%的规定，中关村科技园区特设定“中关村科技园区中小企业技术创新基金配套资金”。每年配套资金使用规模按照上一年度科技部中小企业创新基金资助金额的50%拟订来年资金使用计划，在此基础上容许年度计划做上下微调。

创业过程中如需申请该基金，流程如图5—2所示。

具体来看：

（1）提交材料

1）科技型中小企业创新基金申报材料；

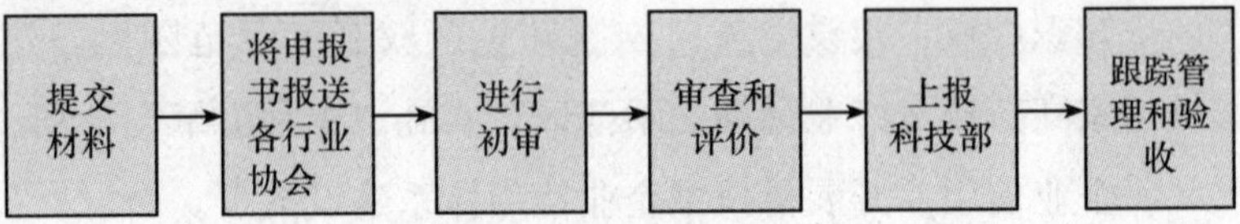

图 5—2 技术创新基金申报流程

2）科技部基金管理中心批准无偿资助的企业名单；

3）科技部创新基金管理中心与企业签订的合同书；

4）经过认定的企业信用服务中介机构出具的企业信用报告。

（2）丰台园、昌平园、电子城科技园、亦庄科技园管委会以及海淀园管委会中心负责本地区企业的项目受理、审查工作；企业也可按领域将申报书报送各行业协会（北京半导体行业协会负责受理微电子企业项目，北京 IT 专业人士协会负责受理通信、光机电和医疗器械领域的企业项目，北京新材料中心负责受理新材料领域企业项目，中关村生物医药协会负责受理生物医药企业项目，计算机和软件企业的项目直接由中关村管委会产业发展处受理）。

（3）由各园区和行业协会对企业申报材料的形式和技术进行初审，对材料的真实性、可靠性和技术创新作出评价，提出项目推荐意见，报送管委会产业发展处。

（4）中关村管委会是基金的推荐单位，产业发展处作为管委会代表，对各园区和行业协会提交的企业申报材料，按领域对企业的项目进行审查和评价；对地方政府提供或承诺的支持资金进行核实，并填写《项目推荐意见表》。

（5）中关村管委会的受理截止时间为：一般项目为每年的 10 月 15 日，招标项目为每年的 8 月 31 日。

（6）审查完毕，由企业按照要求上报科技部中小企业技术创新基金管理中心。

（7）基金申报材料填写要求可查阅科技部中小企业技术创新基

金管理中心，网址：http://www.innofund.gov.cn。

5. 项目的跟踪管理和验收

承担单位应依照项目合同书有关条款，自觉接受科技部中小企业创新基金管理中心的监管，并按期进行项目验收。

（二）大学科技园区

国家以高校为依托，建立了大批大学科技园区。这些园区聚集了大量的年轻人才，也成为很多新思路、新思想的诞生地。刚刚走出象牙塔的大学毕业生，能够在大学科技园中迈出自主创业的第一步也是一种十分不错的选择。

表 5—2 列举了部分城市的国家大学科技园。其他大学科技园详细信息参见该城市官方网站。

表 5—2　　部分城市的国家大学科技园

所在地	国家大学科技园名称	依托高校
北京市	北京大学国家大学科技园	北京大学
北京市	清华大学国家大学科技园	清华大学
北京市	北京航空航天大学国家大学科技园	北京航空航天大学
北京市	北京理工大学国家大学科技园	北京理工大学
北京市	北京科技大学国家大学科技园	北京科技大学
北京市	北京邮电大学国家大学科技园	北京邮电大学
北京市	北京化工大学国家大学科技园	北京化工大学
北京市	北师大—北中医国家大学科技园	北京师范大学、北京中医药大学
北京市	北京工业大学国家大学科技园	北京工业大学
天津市	南开大学国家大学科技园	南开大学
天津市	天津大学国家大学科技园	天津大学
秦皇岛市	燕山大学国家大学科技园	燕山大学
大连市	大连理工大学—七贤岭国家大学科技园	大连理工大学、大连海事大学、大连医科大学、大连水产学院、东北财经大学和中科院大连化学物理研究所

续表

所在地	国家大学科技园名称	依托高校
沈阳市	东北大学国家大学科技园	东北大学
长春市	吉林大学国家大学科技园	吉林大学
哈尔滨市	哈尔滨工业大学国家大学科技园	哈尔滨工业大学
哈尔滨市	哈尔滨工程大学国家大学科技园	哈尔滨工程大学
上海市	复旦大学国家大学科技园	复旦大学
上海市	同济大学国家大学科技园	同济大学
上海市	上海交通大学国家大学科技园	上海交通大学
上海市	华东理工大学国家大学科技园	华东理工大学
上海市	东华大学国家大学科技园	东华大学
上海市	上海大学国家大学科技园	上海大学
南京市	南京大学—鼓楼高校国家大学科技园	南京大学、鼓楼区人民政府、南京邮电大学、河海大学、南京工程学院、南京中医药大学、南京医科大学、南京工业大学、南京师范大学、中国药科大学
南京市	东南大学国家大学科技园	东南大学
南京市	南京理工大学国家大学科技园	南京理工大学
杭州市	浙江大学国家大学科技园	浙江大学
杭州市	浙江省国家大学科技园	浙江工业大学、浙江理工大学、中国计量学院、江干区人民政府
合肥市	合肥国家大学科技园	中国科技大学、合肥工业大学、安徽大学
厦门市	厦门大学国家大学科技园	厦门大学
南昌市	南昌大学国家大学科技园	南昌大学
济南市	山东大学国家大学科技园	山东大学
东营市	中国石油大学国家大学科技园	中国石油大学
郑州市	河南省国家大学科技园	郑州大学、河南农业大学、河南工业大学、郑州轻工业学院

续表

所在地	国家大学科技园名称	依托高校
武汉市	东湖高新区国家大学科技园	华中科技大学、武汉大学、华中农业大学、武汉理工大学、华中师范大学
长沙市	岳麓山国家大学科技园	中南大学、湖南大学、国防科技大学、长沙矿冶研究院、长沙矿山研究院、湖南师范大学、湖南中医药研究院、长沙建机院
广州市	华南理工大学国家大学科技园	华南理工大学
深圳市	深圳虚拟国家大学科技园	深圳市高新区
重庆市	重庆大学国家大学科技园	重庆大学
重庆市	重庆市北碚国家大学科技园	西南师范大学、西南农业大学、北碚区人民政府
成都市	四川大学国家大学科技园	四川大学
成都市	电子科技大学国家大学科技园	电子科技大学
成都市	西南交通大学国家大学科技园	西南交通大学
绵阳市	西南科技大学国家大学科技园	西南科技大学
昆明市	云南省国家大学科技园	云南大学、昆明理工大学、云南师范大学、云南农业大学、昆明医学院、云南中医学院、大理学院、云南财贸学院
西安市	西安交通大学国家大学科技园	西安交通大学
西安市	西北工业大学国家大学科技园	西北工业大学
杨凌（西安）	西北农林科技大学国家大学科技园	西北农林科技大学
兰州市	兰州大学国家大学科技园	兰州大学
乌鲁木齐市	新疆大学国家大学科技园	新疆大学
北京市	中国农业大学科技园	中国农业大学
北京市	北京交通大学科技园	北京交通大学
北京市	华北电力大学科技园	华北电力大学

续表

所在地	国家大学科技园名称	依托高校
沈阳市	沈阳工业大学科技园	沈阳工业大学
西安市	西安电子科技大学科技园	西安电子科技大学
上海市	华东师范大学科技园	华东师范大学
上海市	上海理工大学科技园	上海理工大学
兰州市	兰州交通大学科技园	兰州交通大学
徐州市	中国矿业大学科技园	中国矿业大学（徐州）
无锡市	江南大学科技园	江南大学
广州市	中山大学科技园	中山大学
天津市	河北工业大学科技园	河北工业大学
北京市	中国人民大学国家大学科技园	中国人民大学
太原市	山西中北大学国家大学科技园	中北大学
哈尔滨市	哈尔滨理工大学国家大学科技园	哈尔滨理工大学
上海市	上海财经大学国家大学科技园	上海财经大学
上海市	上海电力学院国家大学科技园	上海电力学院
南京市	南京工业大学国家大学科技园	南京工业大学
常州市	常州市国家大学科技园	南京大学常州高新技术研究院、东南大学常州研究院、江苏工业学院、江苏技术师范学院、河海大学常州校区、常州工学院、常州信息职业技术学院、常州工程职业技术学院、常州轻工职业技术学院、常州机电职业技术学院、常州纺织服装职业技术学院

三、创业园

（一）大学生创业园

为了鼓励大学生创业，全国各地都建立了一批科技型创业园区。北京、上海和成都的大学生创业园中的相关创业企业见表 5—3、表 5—4、表 5—5。

表 5—3 北京市大学生科技创业企业

企业名称	地　址
北京高技术创业服务中心	北京市朝阳区安翔北里 11 号
北京北航天会科技孵化器有限公司	北京市海淀区学院路 37 号
中关村软件产业孵化器有限公司	北三环西路 41 号满庭芳园 A 座 102
北京北医联合生物工程公司	北京市海淀区学院路 38 号
北京国际企业孵化中心	北京丰台科兴路 9 号
北京望京科技创业园	北京市朝阳区望京利泽中园 106 号
中关村科技园海淀创业服务中心	北京市海淀区上地东路 29 号
大兴民营科技企业创业服务中心	大兴区黄村兴丰大街 5 号
北京理工创新高科技孵化有限公司	朝阳区广渠路 31 号
清华创业园	清华大学华业大厦
北京诺飞科技孵化器有限公司	北京永外双庙 125 号
北京科大方兴孵化器	海淀区学院路 30 号
北京首特孵化器	石景山古城首钢特钢公司
北京天九智业科技发展有限公司	海淀区北三环中路 31 号测试大厦 5 层
北京崇熙科技孵化器有限公司	朝阳区广渠路 35 号
北京硅普芯片科技企业孵化器有限公司	海淀区北三环中路 31 号
北京天竺空港工业区开发公司	北京首都机场西侧
北京航天科技孵化器有限公司	北京永定路 30 号
北京在线同飞科技孵化器	北京东城区安德路地兴居 9 号
新材料孵化器	海淀区德外西三旗东北新建材
北京京海科技企业孵化器有限公司	海淀区紫竹桥路广源闸 5 号广源大厦四层

表 5—4 上海市大学生科技创业企业

企业名称	地　址
上海市科技创业中心	钦州路 100 号
上海漕河泾新兴技术开发区科技创业中心	宜山路 900 号 A 区三楼

续表

企业名称	地址
上海张江高新技术创业服务中心	浦东张江春晓路 350 号北三楼
上海杨浦科技创业中心有限公司	国定路 335 号 1 号楼
上海上大科技园发展有限公司	延长路 149 号科技楼 518
上海慧谷高科技创业中心	虹桥路 333 号
上海同济科技园孵化器有限公司	杨浦区赤峰路 65 号
东华大学国家大学科技园	延安西路 1882 号
上海复旦科技园高新技术创业服务有限公司	国定路 335 号
集成电路设计创业中心	北京东路 668 号 C 区 709
上海都市工业设计中心有限公司	浦东新区达尔文路 88 号 1 号楼
上海多媒体产业园创业有限公司	江苏路 369 号兆丰世贸大厦 28 楼 A 座
上海科汇高新技术创业服务中心	嘉川路 245 号
上海八六三信息安全产业基地有限公司	浦东张江张衡路 200 号 2 号楼
上海聚科生物园区有限责任公司	漕宝路 500 号 3 号楼
国家火炬互联网创业中心	张江高科技园区科苑路 151 号
上海时代创业管理有限公司	张江高科松涛路 563 号 B 座 420 室
上海中科大研究发展中心	浦东张江碧波路 456 号
上海嘉定民营技术密集区发展总公司	嘉定区叶城路 1288 号
上海市黄浦区科技创业中心	制造局路 787 号
上海静安科技企业孵化器管理有限公司	胶州路 397 号 5 号楼 215
上海市虹口区科技创业中心	汶水东路 51 号 3 号楼 D 座
上海市青浦区科技创业中心	青浦区公元东路 1155 号
上海市科技创业中心卢湾分中心	顺昌路 330 号
上海市科技创业中心闸北分中心	共和新路 912 号云华科技大厦 8 楼
上海莘闵高新技术开发有限公司	沪闵路 6555 号 16 楼

续表

企业名称	地　址
上海未来岛科技创业中心	祁连山南路 2889 号
上海八六三软件孵化器有限公司	闵行浦江镇联航路 1588 号
上海徐汇软件发展有限公司	番禺路 1028 号 102 室
上海奉贤区科技创业中心	奉贤南桥镇解放东路 121 号 301
上海张江药谷公共服务平台有限公司	张江蔡伦路 780 号 4 楼 4B 座
上海中纺科技城发展有限公司	青浦区华纺路 99 弄 99 号 2 楼
上海南汇区科技创业中心	南汇区康桥镇秀沿路 1515 号
上海金山化工孵化发展有限公司	金山区秋实路 688 号
上海市松江区科技创业中心	松江工业区新飞路 1500 号

表 5—5　　成都市大学生科技创业企业

企业名称	级别
成都高新技术创业服务中心	国家级
成都高新区技术创新服务中心	国家级
博士创业园	国家级
留学人员创业园	国家级
国家信息安全产业基地专业孵化器	国家级
成都高新区技术创新服务中心西区孵化基地	国家级
西部软件园	国家级
国家集成电路设计成都产业化基地	国家级
国家 863 软件专业孵化器·四川基地	国家级
成都软件孵化器	国家级
成都国际企业孵化器	国家级
四川大学科技园	国家级
电子科技大学科技园	国家级

续表

企业名称	级别
西南交通大学科技园	国家级
成都武侯高新技术创业服务中心	国家级
成都高新区教育科技产业园有限责任公司	国家级
成都火炬实业有限公司	区县级
成都高发实业有限责任公司	区县级
国家中药材现代化科技产业园（成都）服务中心	区县级
成都倍特集团高新区科技工业园	区县级
成都麦柯实业发展有限公司	区县级
成都大一高科技术孵化器投资有限公司	区县级
成都天河医药孵化中心	区县级
成都海峡两岸科技产业开发园创业中心	区县级
成都金牛科技创业服务中心	区县级
成都市青羊双新科技创业园	区县级
锦江科技创业园	区县级
成都金牛高科技产业园	区县级
国家火炬计划成都电子信息产业基地	区县级
成都汇源科技园	区县级
成都航利（集团）实业有限公司科服中心	区县级
成都天府软件园	区县级
中科院成都分院光电产业园科技孵化楼	市级

（二）留学生创业园

对留学归国人员，如果有创业意向，政策提供多方面的支持。以中关村科技园为例介绍如下。

在经济扶持方面，为鼓励和吸引海外留学人员归国到中关村科技园区创办高新技术企业，根据中关村管委会《关于建立中关村科技园区留学人员创业企业小额担保贷款“绿色通道”的通知》（以下简称“绿色通道”），并结合中关村科技担保公司具体业务情况，制定本实施细则。

1. 申请“绿色通道”的留学人员企业资格条件

（1）企业注册地点应在中关村科技园区政策区范围内。

（2）企业法定代表人为归国留学人员。

（3）企业创办时间在5年以内，且已取得高新技术企业资格认定证书。

（4）一名或多名留学人员出资人的出资额占企业注册资本的50%以上。

（5）提交“中关村园区企业标准征信报告”。

2. 受理基本要求

对申请“绿色通道”的留学人员企业，其市场、技术、管理等方面应符合如下基本要求。

（1）具有自主的知识产权，技术成长性好并具有一定的市场潜力。

（2）主要经营者和管理团队具有一定的项目实施能力和经验。

（3）具备一定的管理水平和规范的财务会计制度。

（4）应提供项目可行性报告、商业计划和详细的用款商业计划书。

（5）应具有充足、饱满的商业合同、销售协议。

（6）法定代表人、主要经营者、技术持有人具有良好的个人信用记录，并同意向担保人披露个人资产信息和信用状况（担保人有责任为申请人的信息保密）。

3. 担保期限

流动资金贷款担保期限原则为一年以内，特殊情况可适当延长，但最长不超过两年期。

4. 担保额度

企业贷款额度在100万元以内。

5. 担保费用

担保年费率为1%。

评审费率为0.3%。

贷款执行中国人民银行利率政策。

中关村管委会将对符合条件的企业给予50%贷款贴息、补贴全额保费。评审费由企业自行负担。

6. 反担保基本要求

申请企业的法定代表人、主要经营者、技术持有人承担相应的个人连带责任。

7. 操作流程

（1）申请企业可自行申报或由各园管理机构、企业所在创业园协助申报。

（2）申请企业应首先取得由中关村管委会留学人员创业服务总部出具的留学人员创业企业资格证明。

（3）申请企业持留学人员创业企业资格证明与担保公司初步接触，进行业务咨询，并领取《中关村留学人员创业企业小额贷款担保申请表》。

（4）担保公司在收到齐全的申请资料后正式进入详审阶段，及时组织银行信贷部门进行联合评审，安排对企业的实地考察；承诺在10个工作日内完成全部评审程序；出具最终担保意见。

（5）银行根据担保意见批准贷款后，担保公司将与银行签订《保证合同》，与被担保企业签订《委托保证合同》和其他事先约定的合同及《个人连带责任合同》。由中关村管委会补贴的担保费和银行利息按季度向担保公司直接拨付，评审费由企业一次性支付。

（6）企业在获得担保贷款后，必须按照合同约定按月向担保公司递交财务报表。担保公司将定期会同贷款银行对被担保企业进行保后管理。

（7）在企业还贷并按期解除担保后，如果继续有担保需求，可按照工作流程再次提出担保贷款申请。

（8）如果企业按时还款有困难，经多方努力仍不能按期还款并产生逾期，担保公司先履行担保责任，担保公司与企业所在园区管理部门或创业园积极配合，对发生代偿的企业实施追偿。担保公司享有代位求偿权并保留对企业法定代表人、主要经营者或技术持有人的个人连带责任的无限追索权。

北京部分主要的留学人员创业园见表5—6。

表5—6　北京部分主要的留学人员创业园

北京化工大学留学人员创业园	北大留学人员创业园
北邮留学人员创业园	海淀留学人员创业园
首师大留学人员创业园	北科大留学人员创业园
北京交通大学留学人员创业园	亦庄汇龙森留学人员创业园
中国矿业大学留学人员创业园	中关村丰台园留学人员创业园
中国政法大学留学人员创业园	中关村生命园留学人员创业园
北师大留学人员创业园	北京望京留学人员创业园
中国人民大学留学人员创业园	中科院留学人员创业园
中关村数字娱乐留学人员创业园	中关村软件园孵化器
中央财经大学留学人员创业园	北理工留学人员创业园
集成电路留学人员创业园	清华留学人员创业园
北工大留学人员创业园	北航留学人员创业园
中国农大留学人员创业园	中关村国际孵化园

第二节 创业指导

就业指导可分为狭义和广义两大类。狭义的就业指导，是给要求就业的劳动者传递就业信息，为他们和用人单位联系。广义的就业指导，包括预测要求就业的劳动力资源、社会需求量，汇集、传递就业信息，培养劳动技能，组织劳动力市场以及推荐、介绍、组织招聘等与就业有关的综合性社会咨询、服务活动。在我国，就业指导还应包括就业政策导向和与之相应的思想教育工作。

一、帮助择业者充分了解自己的个性特点，如个人的爱好、性格、知识、能力等，从而使择业者对自己有全面、理性的认识。

二、帮助择业者了解社会不同职业的岗位要求，如职业的分类、岗位的内容、岗位的知识和能力要求等。

三、帮助择业者根据自身的个性特点选择适合自己的职业，也就是通常所说的实现人职相配，从而完成择业任务。

一、专家团

中国就业促进会专家委员会章程（草案）

第一条　根据《中国就业促进会章程》，为进一步发挥中国就业促进会开展就业理论研究、搭建交流平台的作用，建立与专家的紧密沟通机制，充分发挥专家的智慧和力量，特制定本章程。

第二条　中国就业促进会专家委员会（以下简称专家委员会）在中国就业促进会的领导下开展工作，是中国就业促进会重要的理论研究机构和技术服务平台。专家委员会名誉主任由中国就业促进会会长担任，主任由中国就业促进会一位副会长担任，副主任在聘请的专家中产生。专家的聘期与中国就业促进会届期同步。

第三条　专家委员会由中央部委相关研究机构、有关高等院校科研院所和其他有关方面从事就业理论政策研究，支持中国就业促进会工作，热心提供咨询服务的知名专家学者组成。

第四条　专家委员会的工作职责：参加中国就业促进会和受政府部门委托组织的国家宏观经济政策，就业政策法规的咨询活动；就业理论政策研讨和论坛交流活动；就业方面有关科研成果及技术推广的论证与评估；政府部门和中国就业促进会委托的科研课题研究；其他有关促进就业的专项活动。

第五条　专家享有以下权利：通过中国就业促进会及时了解政府部门重大就业问题决策和有关就业政策的研究制定，并提出意见建议；参加中国就业促进会组织或受政府部门委托组织的专项促进就业活动；被推荐参加国家相关科研课题的研究论证；在中国就业刊物上优先发表文章；及时了解和获取就业工作相关信息资料。

第六条　专家应承担的义务：遵守专家委员会章程；积极参加中国就业促进会组织的各项活动；提供自己的研究成果。以专家委员会的名义组织活动，应报专家委员会同意。

第七条　专家委员会会议分为全体会议和专题会议两种形式。全体会议一般每年召开一次，通报中国就业促进会工作和专家委员会工作，听取专家意见和建议。专题会议不定期召开，结合会议主题邀请有关专家参加。

第八条　专家委员会组织专项活动时，其重要成果，将以适当形式报有关行政部门参考，或报部领导参阅。

第九条　专家委员会设立办公室，作为日常办事机构。办公室设在中国就业促进会，负责协调联络专家参与中国就业促进会专项活动，为专家提供服务；承担专家委员会日常运作和管理工作，完成会领导交办的其他工作。

第十条 本章程自2010年3月起实施，由专家委员会办公室负责解释。

二、导师团

创业导师是帮助青年创业就业，指导就业上岗的人员。他们在利用服务青年创业就业上有很多优势。创业导师通过各种思路引导，多种正规渠道来帮助创业者实现创业和就业，是创业者、青年人的导师和朋友。

导师团主要分为4种类型：

观念引导类主要是宣传创业就业政策和正确的就业创业观念，引导树立积极的就业观，坚定创业信心。

政策指导类主要是为有志创业者提供创业指导和有关法律、法规等方面的援助，提高创业本领，规避创业风险，增强创业就业实效。

技能辅导类主要是结合自身工作实际提供技术和就业创业知识咨询与培训等。

典型带动类主要是通过自身创业经验和企业实力为创业提供智力或物力支持，为其就业提供岗位。

“导师团”这一概念在上海市首先得到了推广。依托一批具有创业经验和社会责任感的企业家，上海计划建立一支100人的“创业导师”队伍，首批10名创业导师的名单已经公布，其中包括盛大网络董事长陈天桥、复星集团副董事长梁信军等上海民营企业领军人物。

上海科技创业导师团将按照生物医药、电子信息等9大行业、8

类专家进行合理配置。创业导师可以通过开设创业培训、提供咨询服务、或“一对一、多对一”等多种形式，对高科技企业进行指导，提供企业生存能力和大学生创业的基本技能。上海的创业导师运作模式，最主要的是要在创业导师和企业之间建立双赢机制。

上海率先建立起的创业导师机制，很快就可以在全国各大主要城市得以推广。创业导师将带领毕业生更顺利地实现创业梦想。

第三节 常用的创业信息相关网站

一、常用的就业网站

中国青年创业网，http://www.chinajc.com

全国创业项目网，http://www.nfchina114.com

全球华人创业家资讯网，http://www.gc-ceo.com

普克创业投资网，http://www.pupk.com

中国大学生创业网，http://www.studentboss.com

上海市开业指导中心，http://www.Kaiye.12333.gov.cn

中国创业者，http://www.p800.com

商务网络创业频道，http://www.35wl.com

创业家园，http://www.stucy.com

华夏创业网，http://www.make88.com

中国创业加盟网，http://www.carveout.com.cn

中国留学生创业网，http://www.lxscy.com

中国大学生在线，http://www.univs.com

商告网，http://www.Net.91cy.cn

中国加盟服务网，http://www.365jmw.com

大学生高速创业网，http://www.321.123ye.com

大学生创业网，http://www.dxscy.net/cy

中国创业投资网，http://www.wineast.com

中小投资创业网，http://www.iztc.com

阿里巴巴创业资讯，http://www.China.alibaba.com

中国创业网，http://www.buildingchina.com

中国招商网，http://www.china-zs.com

大众创业网，http://www.56968.net

中国加盟网，http://www.jmw.com.cn

上海中小企业网，http://www.1128.org www.ssme.gov.cn

共青团上海市委员会，http://www.51cy.sh.cn

上海市高校毕业生就业信息网，http://www.firstjob.com.cn

上海大学生创业基金会，http://www.shcyf.org

北京高校毕业生就业信息网，http://www.bjbys.net.cn/

二、全国各地区毕业生就业网站（见表 5—7）

表 5—7 全国各地区毕业生就业网站

北京市	http://www.bjbys.net.cn
上海	http://www.firstjob.com.cn
天津	http://www.tjbys.com
重庆	http://www.cqbys.com
江苏	http://www.jsbys.com.cn/jiuye
山东	http://www.sdbys.cn
广东	http://www.gradjob.com.cn/cms
浙江	http://www.ejobmart.cn
辽宁	http://www.lnjy.com.cn

续表

吉林	http://www.ybrc.gov.cn/graduate/link/jiling.htm
黑龙江	http://www.work.gov.cn
河北	http://www.hbxsw.com/Portal
山西	http://www.sxbys.com.cn
内蒙古	http://www.nmbys.com
安徽	http://www.job.ahu.edu.cn
福建	http://www.fjbys.gov.cn
江西	http://www.jxbys.net.cn/Default.asp
河南	http://www.job.henu.edu.cn/
湖北	http://www.job.e21.edu.cn
湖南	http://www.hunbys.com
广西	http://www.gxbys.com
海南	http://www.hnbys.net
成都	http://www.usjob.gov.cn
四川	http://www.cdzjc.org/jiuye
云南	http://www.yn111.net
贵州	http://www.gzsjyzx.com
陕西	http://www.snhr.gov.cn
新疆	http://www.nxbys.com
宁夏	http://www.nxbys.com
青海	http://www.qhbys.com
西藏	http://www.xzjyzdzx.gov.cn

三、各部委官方网站

中华人民共和国人力资源和社会保障部，http://www.mohrss.gov.cn/

中华人民共和国教育部，http://www.moe.edu.cn/

【延伸阅读】

本章涉及的主要法律法规及相关政策

- 关于促进科技成果转化若干规定（北京市科委，1999）
- 关于印发《中关村国家自主创新示范区企业股权和分红激励实施办法》的通知（财政部，科技部，2001）
- 关于印发《关于推动产业技术创新战略联盟构建与发展的实施办法（试行）》的通知（科技部，2009）
- 中共北京市委 北京市人民政府关于建设中关村国家自主创新示范区的若干意见（2009）
- 国务院关于同意支持中关村科技园区建设国家自主创新示范区的批复（2009）
- 中关村高端领军人才聚集工程实施细则（2010）

主要相关网站

中关村科技示范区	http://www.zgc.gov.cn/
中国青年创业网	http://www.chinajc.com
全国创业项目网	http://www.nfchina114.com
中国大学生创业政策网	http://www.zdcy8.cn/
全国大学生就业公共服务立体化平台	http://www.ncss.org.cn/
中国劳动力市场	http://www.lm.gov.cn/

本章小结

创业相关服务	
主要科技园区	
留学生创业园	
相关教育培训	

后　记

中国未来将有数亿劳动者需要就业和再就业，通过创业带动就业，是解决中国就业困难、收入差距和国内消费不足的最重要途径。民以就业为生之基础，以创业为富之根本。我长期研究促进创业和中小及微型企业发展方面的问题，向国家提了许多政策意见。同时，我也觉得需要有一套指导刚要创业的人们如何创业的书籍。

一套书的写作和出版，除了筹划和组织外，需要投入财力、人力和精力。张远华先生、刘耀天先生和中华创业促进会，除了就丛书的体系提出了他们的宝贵意见外，还给了财力方面的资助；以北京科技大学章东辉、牛靖楠为主的青年教师和博士研究生们，承担了本书的编写，历时近两年，力求易读和实用。我觉得，给初入社会和需要再创业的人们以财富，不如提供和告诉他们如何创造财富的思路、途径和操作过程。看着中国在就业和职场中激烈竞争的芸芸众生，大家尽力编写这样一套符合中国国情的创业丛书，实际上是做了一件善事。

需要对拟去创业读者的提醒是：对某一个领域的彻底明白，称之为觉悟。创业，不仅需要创业方面的知识，即有觉；也需要实践，在创业实践中悟。仅有实践，没有知识，就不会有感悟的基础。而仅有觉，仅有知识，没有实践，没有悟，创业也是不会成功的。我希望有更多的人行动起来，去创业，并衷心祝愿他们创业成功，使中国更多的人富裕起来。

在出版之前，政协副主席黄孟复先生和人力资源和社会保障部副部长张小健先生欣然接受了邀请，在百忙之中分别为创业丛书作了序；中国劳动社会保障出版社的同志为本书的出版作了辛勤的编辑工作。对他们的关怀、支持和劳动，这里表示深深的感谢。

2010年岁末于海淀大有北里